T0157529

الكتابة الوظيفية
في اللغة العربية بين النظرية والتطبيق

الكتابة الوظيفية في اللغة العربية

بين النظرية والتطبيق

تأليف

د. عبد السلام يوسف الجعافرة

الطبعة الأولى

رقم الأيداع لدى دائرة المكتبة الوطنية

ر.إ. : (٢٠٠٨/٦/١٨٠٦)

الطريق للنشر والتوزيع

عمان - شارع الجامعة الأردنية - مجدي مول - الطابق الثاني

هاتف ٠٧٩٥٤٠٠٤٧٢

Email:dareltareek@yahoo.com

الكتابة الوظيفية في اللغة العربية
بين النظرية والتطبيق

تأليف

الدكتور عبد السلام يوسف الجعافرة

الطريق للنشر والتوزيع
2008

الإهداء

إلى روح والدي ووالدتي رحمهما الله وأسكنهما فسيح جناته

إلى زوجتي العزيزة وأبنائي جميعاً

إلى جميع العاملين في مهنة التعليم أينما كانت مواقعهم

إليهم جميعاً أهدي هذا العمل العلمي المتواضع.

الفهرس

المقدمة

وصلى الله على سيدنا محمد وعلى آله وصحبه وسلم. اللهم لا علم لنا إلا ما علمتنا، إنك أنت العليم الحكيم.

تُعد ظاهرة ضعف الطلبة في التعبير الكتابي عامة والكتابة الوظيفية خاصة، من أبرز التحديات التي تواجه القائمين على تعليم اللغة العربية، حيث إن هناك إجماعاً عليها من جميع الأطراف ذات العلاقة، ويظهر ضعف الطلبة من خلال عدم قدرتهم على الكتابة السليمة في أبسط المجالات الكتابية الوظيفية التي تتطلبها حياتهم العملية سواء في أثناء دراستهم أو بعد خروجهم إلى الحياة العامة. وما ذلك إلا لأن الطالب لم يدرّب على كتابة مثل هذه الأمور. وتشكل اختبارات الثانوية العامة في الأردن أحد المحكات الرئيسة التي يتبين من خلالها هذا الضعف؛ نظراً لتصحيح أعمال الطلبة في ضوء معايير محددة، ومن أكثر من مصحح، ومما يؤكد هذا الأمر ما أظهرته نتائج الدراسات والبحوث السابقة.

لاشك أن هذا الكتاب جاء استجابة لدراسات سابقة أوصت بضرورة تحسين مستوى أداء الطلبة في التعبير الكتابي عامة، والكتابة الوظيفية خاصة، من خلال بناء برامج تدريبية ترتكز على أسس تربوية حديثة، وتتمشى مع خطة التطوير التربوي في الأردن، التي أكدت تفعيل بعض الاستراتيجيات التدريسية كالتعلّم التعاوني والحوار والمناقشة.

زد على ذلك أنه اشتمل على تحديد للمهارات الفرعية الأساسية للكتابة الوظيفية في مجالات: التلخيص، والمقالة الصحفية، والتقرير، وملء النماذج بشكل يساعد الطلبة على اكتسابها من خلال التدريبات العملية التي ينفذونها أثناء تطبيق

11

البرنامج التدريبي المقترح، في ضوء مؤشرات سلوكية دالة على مستوى الأداء المطلوب، وهو بـذلك يوفر معلومات رقمية عن مسـتوى أداء الطلبـة في الكتابة الوظيفية مـن خـلال معايير محـددة لقياس الأداء، وكذلك تطويره أداة لقياس اتجاهات الطلبة نحو الكتابة الوظيفية.

ويأتي كذلك متمشياً مع الاتجاهات الحديثة التي تؤكد تعلـيم التعبيـر الكتابـي مـن خـلال المنحى الوظيفي، في مجال يُعد الهدف النهائي من تعليم وتعلم اللغة، وهو بـذلك إضافة جديـدة للدراسات التي أجريت في هذا المجال.

ومما يجدر الإشارة إليه أن هذا الكتاب تضمن أربعة مجالات رئيسة من مجالات الكتابـة الوظيفية، خضعت لدراسة تجريبية على طلبة الصف العاشر الأساسي في الأردن قـام بها المؤلف، أظهرت نتائجها أن هناك أثراً دالاً إحصائيا للبرنامج التـدريبي المقـترح عـلى أداء طلبـة المجموعـة التجريبية في الكتابة الوظيفية والاتجاهات نحوها.

وبعد... أسأل الله عز وجل أن يجعـل هـذا الكتـاب خالصـاً لوجهـه الكـريم، ومـا أردت إلا الإسهام في خدمة لغتنا الشريفة التي حفظها الله وسما بها بكتابه الكريم، والحمد لله ربّ العالمين.

المؤلف

الفصل الأول

- مفهوم اللغة
- خصائص اللغة
- مكونات اللغة
- وظائف اللغة
- مشكلات تعليم اللغة العربية
- الاتجاهات الحديثة في تعليم اللغة
- دور المدخل الوظيفي في تعليم اللغة

مفهوم اللغة:

اللغة ظاهرة معقدة فريدة يتميز بها الكائن البشري عن سائر المخلوقات الأخرى، وتُعد من أهم ما توصل إليه العقل البشري، فهي الوسيلة التي استطاع الإنسان بوساطتها أن يحقق الاتصال والتفاعل مع أبناء جنسه، معبراً عن مشاعره وآرائه وحاجاته، مسجلاً تاريخه وإنجازاته، رابطاً حاضره بماضيه، متجاوزاً حدود الزمان والمكان، منمياً معارفه وذاته، معتزاً بقدرته وعظمته، مجسداً ومصوراً مظاهر حياته.

وقد تباينت تعريفات اللغة تبعاً للزاوية التي يُنظر إليها، فعرّفها ابن جني المتوفى (391) هجري بأنها " أصوات يعبر بها كل قوم عن أغراضهم". وهناك من عرّفها على أنها" نظام، رمزي، صوتي، ذو مضامين محددة، تتفق عليه جماعة معينة، ويستخدمه أفرادها في التفكير والتعبير والاتصال فيما بينهم". في حين نرى علماء النفس ينظرون إلى اللغة على أنها" الوسيلة التي يمكن بوساطتها تحليل أي صورة أو فكرة ذهنية إلى أجزائها أو خصائصها، والتي بها يمكن تركيب هذه الصورة مرة أخرى في أذهاننا أو أذهان غيرنا بوساطة تأليف كلمات ووضعها في ترتيب خاص.

وتُعد اللغة ظاهرة اجتماعية تخضع لما تخضع له الظواهر الاجتماعية الأخرى من عوامل ومؤثرات، وهي مكتسبة ولا تولد مع الإنسان، وإنما يولد ولديه الاستعداد الفطري لاكتسابها؛ لهذا لابد من تعليمها وتنمية الاتجاهات الإيجابية نحوها للوصول إلى اتصال فعّال.

مظاهر اللغة:

هناك مظاهر عديدة للغة من أبرزها:

1- المظهر اللفظي:

يتمثل هذا المظهر من خلال الكلام المنطوق والمكتوب، وبه يتم التعبير عن المعارف والخبرات والمشاعر لدى الإنسان، وعلى الرغم من أهمية الكلام المنطوق وانتشاره في عملية الاتصال والتواصل بين الأفراد على مختلف مستوياتهم وثقافتهم، إلا أننا نجد أن الكلام المكتوب يتميز عن الكلام المنطوق بإمكانية انتقاله من مكان إلى آخر عبر مسافات طويلة، إضافة إلى أنه يتسم بالبقاء والثبات ولا يتعرض إلى التغيير السريع بالشكل الذي يتعرض له الكلام المنطوق.

2- المظهر غير اللفظي:

يتمثل هذا الجانب في الوسائل المختلفة التي نستخدمها في التواصل مع الآخرين دون استخدام الرموز الصوتية المنطوقة أو المكتوبة، ويشمل الإيماءات، والحركات الجسدية والتعبيرية والجمالية، والإشارات، وهذه الوسائل تختلف من مجتمع إلى مجتمع آخر.

خصائص اللغة:

هناك خصائص عديدة للغة من أبرزها:

1- مكتسبة:

أي أنها ليست غريزية في الإنسان، فالطفل كما هو معروف يولد دون لغة، ثم يبدأ في تلقي الأصوات بأذنيه، ويربط بين الصوت والشخص، وبين الصوت والشيء، وبين الصوت والحركة، ويدرك العلاقات بين الأشياء. وهكذا تتكون مفرداته وقاموسه اللغوي الخاص به.

2-ذات نظام رمزي خاص:

لكل لغة من اللغات نظامها الخاص بها، ويتكون هذا النظام عادة من الوحدات الصوتية، والمقطعية، والكلمات، والجمل، والتراكيب. وإذا اختل هذا النظام أو النسق عند المتكلم أو الكاتب يكون اتصاله بمن يكتب إليه أو يتحدث معه ضعيفاً أو مشوباً بعيب.

3- ذات طبيعة صوتية:

وهذا يعني أن الطبيعة الصوتية في اللغة هي الأساس، في حين نجد أن الشكل الكتابي للغة يأتي في المرتبة الثانية، ولذا ينظر إلى الكتابة على أنها تطور حديث نسبياً في التاريخ البشري، إذا ما قورنت باللغة الشفوية. وكثير من اللغات القديمة والحديثة ليس لها عنصر- كتابي، أي أنها لغة تخاطب فقط تقوم على المشافهة.

4-تحمل معنى:

إن معاني اللغة متفق عليها بين أفراد المجتمع الذي يتكلم هذه اللغة. ولكي يتحقق الاتصال الحقيقي بين المتحدث والمستمع، وبين الكاتب والقارئ لا بد من أن يكون هناك اتفاق على هذه المعاني؛ ولهذا نستطيع القول بأن العلاقة بين الرمز والمعنى الذي يثيره الرمز علاقة عرفية، أي اتفق عليها أبناء المجتمع، وليست علاقة طبيعية موجودة في الرمز ذاته.

5-نامية:

اللغة ليست شيئاً جامداً، وإنما هي نظام متحرك ومتطور، حيث نجد أن الأمة الحية والمتطورة تعكس تطورها على لغتها، فاللغة تتقدم وتتطور بتطور

أهلها، وتضعف بضعفهم، وهي عنوان حياتهم، فهي تحيا بحياتهم وتموت بموتهم، وكذلك بالنسبة للفرد فنجد أن لغته تتطور وتتحسن بازدياد خبراته ومعارفه.

6-اجتماعية:

أي أن اللغة لا توجد في فراغ، بل تبدأ وتنمو داخل الجماعة نتيجة التفاعل والرغبة في التعاون بين الأفراد، وخير دليل على اجتماعية اللغة قصة الطفلة جبني التي كانت تعيش في حجرة معزولة عن البشر من عمر ثمانية عشر شهراً حتى بلغت الرابعة عشرة من عمرها، وكانت الاتصالات الاجتماعية بها في حدودها الدنيا، وعندما خرجت للحياة الطبيعية وجدت أنها لا تعرف أية لغة على الإطلاق.

7-نظام اتصال:

يتم من خلال هذا النظام ترجمة الأفكار والمشاعر والآراء، ونقلها إلى الآخرين من خلال الرموز الصوتية وغير الصوتية.

مكونات اللغة:

تتضمن أية لغة ثلاثة جوانب رئيسة هي:

1- **مجموعة المفردات" vocabulary**": وهي الارتباطات الاصطلاحية بين مجموعة الأصوات والمفاهيم.

2- **القواعد "Grammar Rules**":وهي بمثابة المبادئ التي تنظم العلاقات بين الأصوات اللغوية في بناء الكلمات والجمل، وتلك التي تعنى بجوانب النحو والصرف. وتتألف هذه القواعد من مجموعتين إحداهما لا تتطلب التعليم، وهي ما تعرف بالقواعد التوليدية أو الضمنية، وهي ما يتعلمها الطفل من خلال التفاعل مع البيئة التي يعيش فيها، وهي

التي تعنى بتنظيم العلاقات بين أصوات اللغة والفونيمات لإنتاج المقاطع اللغوية (المورفيمات) والكلمات والجمل ذات المعنى، وبالتالي فهي تعرف بمجموعة القواعد الوصفية. أما النوع الثاني من القواعد، فهي القواعد الظاهرية وهي تلك القواعد التي تعنى بالقوالب النحوية والصرفية في بناء الجمل والعبارات، ومثل هذه القواعد يتطلب تعلمها من خلال المناهج المدرسية.

3- **الوسيط الصوتي** "Sound Medium": وهو المجال أو الحيز الذي تنتقل من خلاله الرسائل الصوتية بين المتكلم والمستمع.

وظائف اللغة:

هناك وظائف عديدة للغة من أبرزها:

1- وسيلة للتعبير:

الإنسان العادي يعبّر عن أفكاره ومشاعره ومشاكله باللغة، وهي وسيلة لتخليص الفرد من انفعالاته كي يهدأ ويستريح، وهذه الوظيفية تعد اتصالية لأن المتكلم أو الكاتب يراعي نوعية المستمع أو القارئ.

2- وسيلة للتفكير:

اللغة هي أداة الفرد في التفكير وفي الوصول إلى العمليات العقلية العليا والمدركات الكلية.

3- وسيلة للاتصال:

يستخدم الإنسان اللغة في قضاء حاجاته وحل مشكلاته، والاتصال بالأفراد والجماعات، ويستخدمها فيما يتصل بتنظيم نواحي نشاطاته الإدارية والسياسية والاقتصادية والاجتماعية، وتوجيه هذا النشاط الوجهة التي يراها.

4- وسيلة لحفظ التراث الثقافي:

تعد اللغة طريقا للحضارة، وحافظة للفكر الإنساني. فقد مكنت الإنسان من حفظ تراثه الثقافي والحضاري، وهيأت له الطريق كي يوجه جهوده إلى البناء والإضافة إلى ما سبق أن وضعه أسلافه.

5- وسيلة التعلم والتعليم:

بوساطة اللغة يستطيع الإنسان اكتساب المعارف والعلوم المختلفة، وتنمية ذاته في جميع مناحي الحياة.

6- الوظيفة النفعية:

بوساطة اللغة يمكن إشباع الحاجات والدوافع والرغبات منذ مرحلة الطفولة وحتى المراحل النمائية اللاحقة، ممثلاً بالتعبير لغوياً عن الحاجات والدوافع.

7- الوظيفة الشخصية:

تشكل اللغة لأي فرد من أفراد المجتمع أداة إثبات الهوية والثبات الشخصي، حيث من خلالها يعبر الفرد عن مشاعره واتجاهاته وآراءه وأفكاره ومعتقداته نحو المواضيع والمواقف المتعددة.

8- الوظيفة التخيلية:

اللغة أداة للتسلية والترفيه والهروب من الواقع نتيجة الضغوط النفسية والمتاعب التي يواجهها الفرد في حياته اليومية نظراً لكثرة المطالب. ومن خلال اللغة يمكن للفرد أن يروح عن نفسه، باستخدام الأغاني والأهازيج والنكات أو أية تعابير لغوية، كما يمكن استخدام اللغة لترجمة الخيال ممثلاً ذلك في الأشعار والقصص التي تعكس الانفعالات والأحاسيس والتجارب الشخصية.

9- الوظيفة الرمزية:

تُعد الألفاظ اللغوية التي نطلقها بمثابة رموز اصطلاحية للدلالة على المفاهيم المادية المجردة في البيئة المادية والاجتماعية التي نتفاعل معها، وهي بـذلك تمثـل إحـدى أدوات الفكر الهامة في الحياة الإنسانية.

10- الوظيفة التنظيمية:

تؤدي اللغة وظيفة الفعل والتوجيـه العمـلي لسـلوك الآخـرين؛ فهـي تعمـل عـلى تنظيم العديد من الجوانب الحياتية من خلال التعبير اللغوي الشـفهي والكتـابي عـن الطلبـات والأوامـر والتعليمات، والذي من شأنه أن يعمل على توجيه سلوك الآخرين والتحكم فيه.

مشكلات تعليم اللغة العربية:

هناك مشكلات عديدة تواجه تعليم اللغة العربية من أبرزها:

1. العامية وآثارها السلبية.
2. ضعف إعداد مدرسي اللغة بشكل عام.
3. عدم بناء المناهج على أسس علمية موضوعية.
4. تخلف طرائق التدريس المتبعة.
5. صعوبة تعليم الكتابة للمبتدئين.
6. عدم وضوح الأهداف لدى الكثير من المدرسين.
7. عدم كفاءة أساليب التقويم المتبعة.
8. عدم تفعيل المكتبات والتقنيات المدرسية.
9. عدم توظيف اللغة في الحياة المدرسية.

21

10. غياب التكامل بين مدرسي المدرسة الواحدة مع معلم اللغة العربية فيها.

11. عدم التركيز على الجانب الوظيفي في تعليم اللغة.

الاتجاهات الحديثة في تعليم اللغة:

هناك مجموعة من الحقائق التي يجب أن ينطلق منها من يقوم على تعليم اللغة، من أبرزها:

1- اللغة عادة: أي ليست مجموعة من الحقائق يمكن تلقينها؛ ولهذا لم يعد تدريسها معنيا بالحقائق كما كانت عليه الحال في الماضي، إذ لو كان تدريس اللغة يتم وفق هذا الاتجاه لكان تعليم الطلبة مجموعة من مفردات معينة، ومجموعة من القواعد، يعد تعليما للغة.

2- المهارة شرط لتكوّن العادة: يُعد استعمال اللغة ضرباً من المهارة، وانطلاقاً من هذا المفهوم يكون تعليم اللغة أشبه ما يكون بتعليم قيادة السيارة أو العزف على الكمان. والمهارة عني الأداء المتقن في الوقت والجهد والقائم على الفهم. ومما يساعد على اكتساب المهارة:

- الممارسة والتكرار.

- الفهم وإدراك العلاقات والنتائج.

- التوجيه إلى مواقع الضعف.

- القدوة الحسنة، سواء من المدرسين أو الزملاء.

- التشجيع.

3- اللغة وحدة متكاملة: تنطلق التربية الحديثة من النظرة إلى اللغة على أنها وحدة متكاملة وان الفصل في تدريس اللغة لا يخدم ممارسة اللغة في

المواقف الحية. ومن هنا ينظر إلى فروع اللغة على أنها أجزاء لكل، تتكامل لتؤدي وظيفة الاتصال اللغوي.

4- ضرورة الانطلاق من لغة المتعلمين وخبراتهم السابقة: تعد لغة الأطفال هي نقطة الانطلاق في تعليم اللغة، لأنها لصيقة بحياتهم، معبرة عـن خبراتهم، وبهـذا تنتفي الصعوبة التي يحس بها المتعلمون عندما يستعمل المعلمون في تدريسهم المفردات والأساليب والأنماط البعيدة عن عالم الصغار.

5- ضرورة الاهتمام بمناشط الطلبة: نظراً لأهمية مناشط الطلبة في تعليم اللغة نجـد بعض المناهج قد بنيت بناءً على اهتمامات الطلبة وميـولهم ورغبـاتهم، بـدلاً مـن بنائها على أساس المادة الدراسية.

6- اللغة لها وظائف وفي إطار وظائفها نعلمها.

7- تعليم اللغة له أهداف عامة وخاصة.

8- اعتماد مفهوم التعلم الذاتي لدى المتعلمين.

9- المتعلم المحور الرئيس في العملية التعليمية التعلمية وليس المعلم.

10- حرية المدرس شرط أساسي لنجاح عملية التعليم والتعلم.

11- ضرورة استخدام الطرائق والاستراتيجيات التدريسية المناسبة.

12- استخدام التقنيات الحديثة بطريقة فاعلة.

13- البُعد عن التلقين أثناء التدريس.

دور المدخل الوظيفي في تعليم اللغة:

جاء المدخل الوظيفي من بين أربعة مداخل(التكاملي، الاتصالي، المهاري، الـوظيفي) هـي الأحدث في تعليم اللغة، ويُعد المدخل الوظيفي مـن المـداخل التـي تبـدو الحاجـة ملحـة إليـه في تطوير تعلم مهارات اللغة، مع أن الدراسات الميدانية في

هذا المدخل جاءت متأخرة، ولم تنشط إلا في نهاية الثمانينات، بخلاف المداخل الأخرى التي نشطت فيها الدراسات في بدايات مبكرة، مع أن مضمون هذا المفهوم من المفاهيم التي نبه لها الأقدمون مثل: الجاحظ، وابن خلدون باختيار المادة اللغوية التي يحتاج إليها المتعلم؛ وتؤدي وظيفة تعبيرية في حياته.

ويُعد تعليم مهارات اللغة وظيفياً(Functionally) من المفاهيم الحديثة التي أكد الباحثون أهميتها؛ لهذا كان من أهم أهداف تعليمها تحقيق القدرات اللغوية عند المتعلم، بشكل يمكنه من ممارسة وظائفها الطبيعية بطريقة عملية تؤكد عمق استيعابها، ولتحقيق ذلك، لا بد من وضوح وظائفها لدى من يقومون على تعليمها، بشكل يمكنهم من توجيه طلبتهم، وإثارة دافعيتهم نحو المبادأة في التعبير عما يفيدهم في حياتهم.

واستجابة لأهمية المدخل الوظيفي في تعليم مهارات اللغة، اتجهت البحوث والدراسات الحديثة إلى تأكيد أهمية تعليم الكتابة من خلال مدخلها الوظيفي؛ لأن الهدف المرتجى من المدرسة في تعليم الكتابة هو أن تقدم لمجتمعها أفرادا مستقلين في كتاباتهم قادرين على تناول المطالب اللازمة لها، سواء أكانت مطالب شخصية أم مطالب اجتماعية تخص المجتمع.

وتأكيداً لأهمية تمكين المتعلمين من القيام بجميع ألوان النشاط اللغوي التي تتطلبها حياتهم، استطاع جونسون(Johnson) أن يصل إلى(73) لوناً من ألوان النشاط اللغوي، سماها بالمراكز الوظيفية، ومن هذه المراكز الوظيفية، كتابة الرسائل، ومحاضر الجلسات، وإلقاء التعليمات، والتقارير، والمقالات، والبرقيات، وتعبئة الاستمارات، وكتابة الملخصات وما إلى ذلك.

إلا أنه مع هذه الاستجابة لأهمية المدخل الوظيفي في تعليم التعبير الكتابي الـذي أحـدث بعض التغييرات الإيجابية في كتابات الطلبة، إلاّ أنه ما زال شكلياً، وذلك لعدم وجود تغيير حقيقـي يشمل منهج التعبير وطرائق تدريسه.

الفصل الثاني

- الكتابة
- مفهوم الكتابة الوظيفية
- أهمية الكتابة الوظيفية
- ميزات الكتابة الوظيفية
- ميزات الكتابة الإبداعية
- الصعوبات التي تواجه تعليم الكتابة الوظيفية
- مراحل تعليم الكتابة الوظيفية
- كيفية تنمية الكتابة الوظيفية
- الأسس العامة لتنفيذ درس الكتابة الوظيفية
- مفاهيم أساسية

الكتابة:

تُعد الكتابة إحدى المهارات الحياتية التي تؤدي دوراً مهماً في حياة الفرد والمجتمع، وهي من أهم وسائل اتصال الإنسان بغيره، وأداة لتقوية روابطه الفكرية والاجتماعية، والحفاظ على ثقافته، وتراثه، ونقله وتطوره، كما أنها من أهم أنماط النشاط اللغوي على الإطلاق، وهي إحدى عناصر النجاح التي يحتاجها الفرد في حياته خدمةً لنفسه ومجتمعه. وتحتل الكتابة مكانة متميزة بين مهارات اللغة الأربع، فهي التقنية التي تُشكل النشاط الفكري للإنسان المعاصر، والتي أثرت فيه أكثر من أي اختراع آخر، كيف لا وهي الوسيلة التي بها جُمع القرآن، وحُفظت الألسن والآثار، وأكدت العهود، وأثبتت الحقوق، وأمن الإنسان النسيان إضافة إلى أنها من أهم العوامل المؤثرة في عمليتي التعلم والتعليم؛ لهذا نجد أن من الأهداف الرئيسة لأي نظام تعليمي هو تمكين المتعلمين من امتلاك مهاراتها الصحيحة،لأن هناك ما يشير إلى وجود علاقة إيجابية بين استخدامها في تدريس المباحث الدراسية المختلفة، ومساعدة الطلبة على الاستيعاب وتحسين قدراتهم على التفكير والتذكر، وقوة الملاحظة، والاتصال الفعّال، من خلال مراجعة الأفكار وتنقيحها، واستكمالها، والتفكير فيها.

وأما التعبير كفرع من فروع اللغة فيرتبط بمهارتي المحادثة والكتابة، وعند ارتباطه بمهارة المحادثة يسمى تعبيراً شفهياً، وإذا ارتبط بمهارة الكتابة يسمى تعبيراً كتابياً، ويأتي التعبير الكتابي على نوعين: كتابة إبداعية، وكتابة وظيفية.

إن أهم ما يميز التعبير عامة عن غيره من فروع اللغة أنه من أهم أنماط النشاط اللغوي على الإطلاق وهو غاية، في حين أن جميع فروع اللغة وسائل لتحقيق هذه الغاية، وهو من أهم عناصر النجاح التي لا يستغني عنها الإنسان في

حياته خدمة لنفسه ومجتمعه، لأنه من وسائل الاتصال بين الأفراد، وتقوية الروابط الفكرية والاجتماعية، وأداة الحفاظ على ثقافة الإنسان وتراثه ونقله وتطوره.

ورغم أهمية نوعي الكتابة الإبداعية والوظيفية، إلا أن المتمعن في حياتنا اليومية، ومعطياتها المعاصرة، يجد أنها تطالبنا بالنظر إلى الكتابة الوظيفية نظرة تتناسب مع أهميتها ودورها في تسيير شؤون حياتنا؛ لهذا نجد أن هذا النوع من الكتابة أصبح يشكل مجالاً خصباً للبحوث والدراسات الحديثة.

مفهوم الكتابة الوظيفية:

تباينت الآراء ووجهات النظر في تحديد مفهوم الكتابة الوظيفية، فهناك من عرّفها على أنها استخدام الطالب اللغة المكتوبة في أداء الأغراض الحياتية، وقضاء المصالح الاجتماعية والعملية، التي يحتاج إليها في محيط تعليمه، أو في محيط اتصاله بمن حوله. في حين عرّفها آخرون بأنها"تعبير كتابي وظيفي يحقق اتصال الناس بعضهم ببعض؛ لتنظيم حياتهم وقضاء حاجاتهم

أهمية الكتابة الوظيفية:

تُعد الكتابة الوظيفية من أهم متطلبات الحياة المعاصرة، على الصعيدين العملي والتعليمي، إضافة إلى أهميتها في مواجهة ومواكبة ركب الحضارة في عصر يسوده التفجر المعرفي، وسرعة الاتصالات، وضيق الوقت المتاح، ويُعد الإخفاق فيها من أبرز مظاهر الضعف، وفقدان الثقة بالنفس، كما أن عدم الدقة فيها قد يؤدي إلى ضياع كثير من الفرص التي ينتظرها الفرد.

زد على ذلك أنها من أبرز الوسائل التي تعمل على تحقيق التكامل بين جوانب التعلّم المختلفة، من خلال إثارتها تفكير القارئ وتفعيلها لمعارفه السابقة بشكل متعمق، وهي قدرة استيعابية تتضمن القواعد والمفردات والمفاهيم

والأفكار، ولا تقتصر وظائفها على الاتصال والتواصل، بل تتجاوز ذلك للتعليم والتعبير عن الأفكار والمشاعر.

انطلاقاً من هذه الأهمية التي تحظى بها الكتابة الوظيفية، لم تَعُد الحاجة إليها مقصورة على البحث والدراسة، بل أصبحت أحد المتطلبات الأساسية للحياة اليومية، التي لا يمكن الاستغناء عنها في كثير من مناحي الحياة الاجتماعية، والسياسية، والاقتصادية.

زد على ذلك طبيعة التحولات المتسارعة في الحياة المعاصرة، وذلك من خلال تنوع مصادر المعرفة ووسائل نقلها، وطغيان الطابع المادي والتقني والمعلوماتي، وضيق الوقت المتاح للفرد المعاصر في مواجهة المتطلبات المتزايدة للعمل والحياة الأسرية.

ولا يخفى على أحد أن الكتابة الوظيفية تحظى باهتمام واسع، نظراً لقيمتها، وأهميتها في الحياة المعاصرة؛ لأنها مهارة وظيفية وعصرية في آن واحد، ولا بد من العمل على إتقانها؛ لمواكبة معطيات الحضارة، والتفجر المعرفي، ولمواجهة مواقف عديدة تقتضيها حياة الفرد اليومية والعملية للتعبير عن آرائه وأفكاره ومشاعره، ولمخاطبة من يعيشون بعيداً عنه.

ومن أبرز العوامل التي زادت من أهمية الكتابة الوظيفية طبيعة التحولات المعاصرة نحو تعليم اللغة، حيث اتجه تعليمها في السنوات الأخيرة من القرن العشرين إلى التركيز على أهميتها الوظيفية والنفعية والاجتماعية؛ إذ لا فائدة من تعليم أي مادة إذا لم يكن لها نفع اجتماعي، ويُنظر إلى هذا الاتجاه وهو ما يسمى بالنظرية الوظيفية على أنه مدرسة من مدارس الفكر اللغوي المعاصر، التي تُعنى بكيفية استخدام اللغة وتوظيفها في حياة الفرد.

ولا يخفى على أحد تعدد متطلبات الكتابة المعرفية وصعوبة تعلمها، ومع هذا تبقى إحدى المهمات الحياتية الضرورية التي يحتاج إليها الإنسان في الأوقات جميعها، وهي أكثر رسمية من الكلام الشفهي، وتُعد أحد مؤشرات النجاح في الحياة المدرسية والعملية.

إلاّ أن هذه الصعوبات المتعددة التي تواجه الطلبة أثناء تعلمهم مهارات الكتابة، لن تقف أمراً مستحيلاً أمام إمكانية إكسابها؛ لهذا نجد أن من نتائج اهتمام الباحثين والمتخصصين في السنوات الأخيرة من القرن العشرين، حدوث تحولات جذرية في النظر إلى آليات تعليم الكتابة وتعلمها، حيث أصبح ينظر إليها على أنها عملية يتم بوساطتها تحويل المعرفة وإعادة بنائها وتنظيمها في صورة جديدة من صور التنظيم المختلفة، أي أنها عملية تواصلية عقلية، تقوم على الاهتمام بالمضمون، وتتطلب مهارات للتحويل والتكييف والتعديل وبث للأفكار وتركيبها وتسلسلها بشكل يتناسب مع المواقف الجديدة.

ميزات الكتابة الوظيفية:

تجدر الإشارة هنا إلى أن الكتابة الوظيفية تمتاز بميزات تتناسب مع هدفها الرئيس، وهو تحقيق الأغراض الوظيفية التي تقتضيها حياة الناس في محيط مجتمعهم أو محيط تعليمهم، ومن أبرز ما تتميز به:

- الاختصار والتحديد.
- عدم الاهتمام بتجميل الأسلوب بالمحسنات البديعية والخيال والموسيقى والعواطف والرمز.
- خضوعها لأنماط معينة متفق عليها.
- إبرازها للأفكار وتوضيح المعاني.
- الوضوح والدقة.
- مناسبتها لأغراض الاتصال والتواصل، بطريقة يقبلها العقل الإنساني ويفهمها.

ميزات الكتابة الإبداعية:

وأما الكتابة الإبداعية فأهم ما تتميز به:

- اختيار الألفاظ الرشيقة.

- انتخاب الجدة والطرافة في المعاني.

- المزاوجة ما بين الخبر والإنشاء.

- الاهتمام بالصور الخيالية المترعة بالجمال.

- تدفق العاطفة.

- استخدام عبارات النداء والتعجب، وما إلى ذلك.

يتضح مما سبق أن هناك فرقاً بين نوعي الكتابة، فالإبداعية تحتاج إلى معرفة واسعة، ومتعمقة في جميع فروع اللغة، وإلى تخصص دقيق وموهبة؛ لكي تصل إلى هذا المستوى من الكتابة، في حين أن الكتابة الوظيفية تمتاز بالوضوح، والبساطة، والاهتمام بالمعنى أكثر من الشكل؛ لأنها تتخذ إلى حدٍ كبير نمطية محددة ومتعارف عليها عند أهل الاختصاص.

ولما كانت التربية هي الحياة، فمعنى هذا أنها تُعد المتعلم لتصله بالحياة؛ لهذا أصبح لزاماً على القائمين على العملية التربوية، أن يقدموا لهذا المتعلم من الخبرات الوظيفية ما يساعده على تنظيم حياته، وحسن التكيف مع مجتمعه، وبيئته، وقضاء احتياجاته اليومية، بشكل يمكنه القيام بمتطلبات الحياة العصرية.

الصعوبات التي تواجه تعليم الكتابة الوظيفية:

لا شك أن هناك الكثير من الصعوبات التي مازالت تواجه تعليم الكتابة الوظيفية لدى الطلبة، وتتمثل في:

- قلة التدريبات العملية.
- غياب النماذج الكتابية الجيدة التي تتيح للطالب فرصة المحاكاة.
- عدم استمرار الطلبة بالكتابة بصورة منتظمة.
- غياب توجيههم نحو قراءات تشجعهم على الاطلاع للحصول على المعرفة اللازمة للبدء بالكتابة.
- انعدام المعرفة الحقيقية لدى الطلبة بقواعد ومهارات الكتابة الأساسية.
- نظرة المعلمين إلى الكتابة أثناء تعليمها على أنها ناتج أكثر منها عملية، حيث نجد أن اهتمامهم ينصب على الشكل أكثر من المضمون.
- عدم مراعاة اهتمامات الطلبة فيما يودون الكتابة فيه.
- طرائق التدريس التقليدية التي يتبعها المعلمون تُعد من أبرز العوائق التي تواجه تعليم الكتابة الوظيفية.

إن هذه العوائق والعقبات التي يواجهها الطلبة مجتمعة، أدّت إلى ضعف واضح في كتاباتهم، ويمكن حصر مظاهر هذا الضعف في مجالين:المحتوى، والشكل.

وتتمثل مظاهر ضعف المجال الأول المحتوى في:

- قلة الأفكار وهي عدم قدرة الطلبة على بناء الأفكار التي يجب أن يتكون منها الموضوع، لأن الأفكار هي المادة الخام الأساسية للكتابة.
- عدم القدرة على استقصاء الأفكار وتوضيحها، وترتيبها منطقياً.
- فقدان الترابط بين الأفكار.

- عدم الملاءمة بين العبارة والفكرة، مما يؤدي إلى ضعف الأسلوب وركاكته.

في حين تتمثل مظاهر ضعف المجال الثاني الشكل في:

- عدم تقسيم الموضوع إلى فقرات.

- عدم ترك الهوامش.

- عدم مراعاة علامات الترقيم.

- رداءة الخط.

- كثرة الأخطاء اللغوية والإملائية.

مراحل تعليم الكتابة الوظيفية:

انطلاقا من هذا التحوّل في النظر إلى تعلم الكتابة وتعليمها، حدد جب هـارد   (Gebhard) ثلاث مراحل رئيسة يجب أن تتم من خلالها:

الأولى: مرحلة ما قبل الكتابة وتتضمن: التخطيط، والتنظيم، وترابط الأفكار لغوياً.

الثانية: مرحلة كتابة المحتوى أو الإنتاج وهي مرحلة معقدة، لأنها تتطلب مهارات متعددة، حيث يضع الكاتب فيها أفكاره عـلى الـورق، محـدداً نقطة البدايـة، ومطـورا أفكـاره، ومراعيـا تسلسلها وترابطها وتنقيحها.

الثالثة: مرحلة ما بعد الكتابة والتي يتم فيها التقويم والإضافة والحـذف بشـكل يظهـر أهـداف الكاتب.

وأما ألونا(Ilona) فقد حددت خمس مراحل عملية ترى أن يتم من خلالها تعليم الكتابة:

الأولى: مرحلة تحديد الأفكار التي يجب أن تتضمنها.

الثانية: مرحلة التركيز على الأفكار الرئيسة وإبرازها.

الثالثة: مرحلة كتابة المسودة أي الصورة الأولية.

الرابعة: مرحلة مراجعة المسودة.

الخامسة: مرحلة التحرير أي الكتابة بشكلها النهائي.

كيفية تنمية الكتابة الوظيفية:

ونظراً لأهمية هذه المهارة الحياتية، نجد أن الباحثين والمتخصصين، قد اهتموا بكيفية تنميتها وتمكين المتعلمين من امتلاك مهاراتها؛ لهذا تعددت الآراء والمقترحات في هذا المجال، فهناك من يرى أن التنمية الحقيقية، يجب أن تأخذ بالأمور الآتية:

1- تؤكد أهمية التدريب المتكرر في نطاق مهمات كتابية محددة، تتم في مواقف حقيقية لها معنى في حياة المتعلم.

2- تأخذ بأهمية المعرفة الأساسية التي يمتلكها الطالب من خلال خبراته السابقة، على أن يتم ذلك في ضوء مؤشرات سلوكية دالة على الأداء، ووفق مستويات متدرجة للوصول إلى المستوى المطلوب.

3- ضرورة أن يسبق ذلك التخطيط الفعّال، لأن الخطة الجيدة تشكل المفتاح الرئيس للكتابة السليمة، وهي الأساس عند البدء في أي مهمة كتابية.

في حين هناك من أكد أن التنمية الحقيقية لكتابات الطلبة، تتطلب من المعلم أن يعمل على:

1- تحديد الأهداف المنوي تحقيقها من المهمة الكتابية بشكل واضح ودقيق.

2- إعطاء التعريف الكافي لما يراد الكتابة فيه.

3- تعرّيف الطلبة بالمعايير التي يقيّم في ضوئها أداؤهم الكتابي.

4- تدريبهم على المهمات الكتابية بشكل مستمر.

5- تفعيل الاستراتيجيات التدريسية المناسبة.

6- إثارة دافعيتهم وترغيبهم عن طريق توظيف التقنيات الحديثة.

7- اختيار مهمات كتابية وظيفية، لها ارتباط في حياتهم المدرسية والعملية، في جو يسوده الحرية وعدم التكلف.

وأما أهم الأسس العامة التي يجب أن تتوفر في كل درس من دروس التعبير عامة والكتابة الوظيفية خاصة، والتي على المعلم مراعاتها:

- تهيئة مواقف طبيعية يتم فيها الكتابة، بحيث تكون هذه المواقف مماثلة للمواقف التي تستخدم فيها الكتابة في الحياة العملية.

- الاهتمام بالمعنى قبل اللفظ، أي أن يركز المعلم على الأفكار قبل الألفاظ؛ لأن الألفاظ خادمة للفكرة ومعبرة عنها.

- استثارة دوافع الطلبة نحو الكتابة، وذلك باختيار الموضوعات المستمدة من خبراتهم، وكذلك العمل على نشرها في مجلة المدرسة، أو صحيفة الفصل، أو قراءة بعضها في الإذاعة المدرسية.

- التخطيط للموضوع المراد الكتابة فيه، بحيث يقوم المعلم بدور المرشد والموجه الذي يستثير تفكير طلابه عن طريق طرح الأسئلة الموجهة التي تثري المجال الكتابي المستهدف.

- النقاش الشفوي قبل الكتابة يسهل عملية الكتابة، ويرفع من قدرة الطلاب على أدائها، سواء أكان هذا النقاش في صورة نقد يتبادله الطلاب فيما بينهم، أم في صورة محادثة مع الأقران، أم في صورة تبادل للمسودات وقراءتها قبل البدء في الكتابة النهائية.

- ربط الكتابة الوظيفية ببقية فروع اللغة، والاستفادة من المواقف اللغوية التي يمكن استثمارها في التدريب على مهارات الكتابة المختلفة.

- استثمار فرص التدريب على مهارات الكتابة الوظيفية المختلفة ومجالاتها المتنوعة في المواد الدراسية الأخرى؛ ففيها فرص كثيرة على التلخيص، والتعليق، والمقالة، وكتابة المذكرات وغيرها.

- تزويد الطلبة بمعايير الأداء المطلوب، ومستويات الإتقان المرغوبة في الكتابة، وهذا أمر ضروري لتقدم الطلبة نحو الأفضل.

- المعلم قدوة الطالب ومثله المحتذى، فلا بد أن يعنى بتعبيره وكتابته.

وهناك بعض المفاهيم التي يجب أن يتعرف المتعلم دلالتها منها:

الكلمة:

هي الوحدة الصغرى للفكرة، ونحن عادة نعبر بالكلمات على نسق ما لتؤدي معنى من المعاني.

الجملة:

تركيب مؤلف من عدة كلمات تعبر عن معنى يحسن السكوت عنده.

الفقرة:

هي مجموعة من الجمل المترابطة فيما بينها والمتسلسلة التي تستغرق فكرة من الأفكار أو معنى من المعاني. وهي الوحدة الفكرية التي يمكننا أن نتعامل بها في موقف لغوي، فنُفهم غيرنا ما نود أن نقول، ونفهم من غيرنا ما يقول.

إن كتابة الفقرة عمل لغوي، لا بد له من أن نتمكن من حسن اختيار الكلمة في الجملة، والقدرة على كتابتها سليمة لغة وإملاء، ولا بد أن نتمكن من تقديم هذه الكلمات على نسق نحوي صحيح، حتى تؤدي فيما بينها معنى مستقلاً يحسن السكوت عليه، ثم لابد من أن نتمكن من ترتيب هذه الجمل بما يحقق وحدة الفكرة واكتمالها.

ولكل فقرة عدد من العناصر تختلف قلة وكثرة حسب قدرة الكاتب، وهدفه، ونوعية الجمهور الذي يكتب إليه. وتتشكل عناصر الفقرة في إطار عدد من الأفكار تعمل جميعها على إعطاء تصور عام للفكرة، وبعض هذه الأفكار رئيسي، وبعضها فرعي يشرح ويفسر ويستغرق الفكرة العامة للفقرة.

كتابة الفقرة من الناحية الشكلية:

الفقرة لها بداية ونهاية عند كتابتها، والبداية نميزها بأن تبدأ بعد ترك مسافة كلمتين من بداية السطر، والنهاية ليست لها نقطة محددة، فهي تنتهي بانتهاء الجملة الأخيرة من الفقرة. وأما ضبط الهوامش فيقتضي أن يقع الحرف الأخير من السطر الثاني أسفل الحرف الأخير من السطر الأول، وهكذا حتى تكون الأحرف الأخيرة في سطور الفقرة على خط رأسي واحد.

الجملة الأولى في الفقرة(البداية):

هي الجملة التي تتضمن الفكرة الرئيسة، التي تتبعها أفكار فرعية، وهذه الجملة المفتاحية تعبر عن مضمون الفقرة كلها وتكشف عن اتجاهها، وبداية الفقرة قد تكون جملة خبرية، أو سؤالا، أو إثارة قضية، أو قولاً مأثوراً، أو مسألة علمية.

الجملة النهائية في الفقرة (الختام):

نهاية الشيء لاتقل أهمية عن بدايته، والفقرة عرض لفكرة، ونهاية الفقرة نهاية لهذه الفكرة؛ ولذلك تتنوع هذه النهايات كما تتنوع البدايات بتنوع الفقرات. وقد تنتهي الفقرة بذكر الهدف من طرح الفكرة؛ وذلك بذكر جملة خبرية أو إنشائية، أو تنهي بجملة تمهد للفقرة التي تليها، وهي قد تعلل، أو تفسر، أو تؤكد، أو تقدم العلة والسبب لنتيجة تأتي بعد عدة فقرات، وقد تكون نهاية الفقرة مفتوحة لتثير فكر القارئ وتترك له حرية الاختيار في وضع نهاية مناسبة لها، أو قد تنتهي بتلخيص للفقرة في جملة أو جملتين.

الفصل الثالث
البرنامج التدريبي

- أهدافه العامة
- مسوغاته
- أسس بنائه
- مكوناته
- استراتيجيات التدريس
- الوسائل التعليمية
- إجراءات التقويم
- مجالاته/ المجال الأول التلخيص

الأهداف العامة:

يهدف البرنامج التدريبي المقترح لتحسين مستوى أداء طلبة الصف العاشر الأساسي في الكتابة الوظيفية في اللغة العربية واتجاهاتهم نحوها، ولتحقيق هذا الهدف العام، لابد من تحقيق الأهداف الآتية:

- تعريف طلبة عينة الدراسة بمجالات الكتابة الوظيفية الأربعة المستهدفة، ومهاراتها، واستخداماتها الوظيفية.

- تنمية اتجاهات الطلبة الإيجابية نحو الكتابة الوظيفية، من خلال إدراكهم لمدى أهميتها في حياتهم المدرسية والعملية.

- تمكين الطلبة من ممارسة الكتابة الوظيفية، في مواقف عملية داخل المدرسة وخارجها.

- تزويد الطلبة بالمعرفة النظرية اللازمة، من خلال تعريفهم بأهمية هذه المجالات الكتابية الوظيفية، وضرورتها في حياتهم العلمية والعملية.

- تحسين الثروة اللغوية للطلبة، من خلال ما يتعرضون له من نماذج قرائية وكتابية.

- إكساب الطلبة القدرة على تقويم أدائهم ذاتيا في ضوء النتائج النهائية للمجموعات.

- تفعيل استراتيجيتي العمل في مجموعات والحوار والمناقشة بشكل تربوي، من خلال أسلوب التدريب الموجه.

- تعريف الطلبة بمعايير الكتابة الوظيفية الصحيحة.

- تقويم أعمال الطلبة في ضوء المؤشرات السلوكية الدالة على الأداء المرغوب.

- تحقيق التكامل بين مهارات اللغة: القراءة، والكتابة، والاستماع، والمحادثة.

ثانياً: مسوغات بناء البرنامج التدريبي:

من أبرز مسوغات بناء البرنامج التدريبي، ما يأتي:

1- وجود مؤشرات تدل على ضعف الطلبة في الكتابة الوظيفية، وهـذا مـا دلّ عليـه الأدب التربوي السابق، وخبرة الباحث في هذا المجال.

2- الانفجار المعرفي وضيق الوقت المتاح للإنسان المعاصر، وحاجته إلى التمكن مـن وسائل مواجهتها.

3- قلة اهتمام معلمي اللغة العربية بتنمية مهارات الكتابة الوظيفية لدى الطلبة.

4- أهمية الكتابة الوظيفية في حياة الطالب المدرسية والعملية.

5- دور اتجاه الطالب الإيجابي في عمليتي التعلم والتعليم.

6- تأكيد الدراسات السابقة والبحوث وخطـة التطـوير التربـوي في الأردن أهميـة تفعيـل الاستراتيجيات التدريسية الفعّالة في الغرفة الصفية، بدلاً من الطرائق التقليدية.

ثالثاً: أسس بناء البرنامج التدريبي:

1- اتباع خطوات سليمة متسلسلة، تعتمد كل خطوة على سابقتها.

2- توفير موقف صفي قـائم عـلى تفعيـل دور الطالـب ومشاركته، مـن خـلال النشـاطات المتنوعة.

3- تفعّيل استراتيجيتي التعلم التعاوني والحوار والمناقشة أثناء تنفيذ الموقف الصفي.

4- استناد البرنامج التـدريبي إلى مجموعـة مـن مهارات الكتابة الوظيفيـة، والمـؤشرات السلوكية الدّالة على مدى إتقانها، والتي أكدت الدراسات السابقة أهميتها لتحسـين الكتابة.

5- اكتساب مهارات الكتابة الوظيفية لا يتحقق، إلاّ من خلال التدريب والتنوع في الفرص التدريبية.
6- تناول موضوعات مألوفة ذات مساس مباشر بحياة الطالب اليومية، بشكل يشجعه على الكتابة، وينمي اتجاهه نحوها.
7- تحقيق التكامل بين مهارتي القراءة والكتابة، لوجود علاقة ارتباطية بينهما.
8- النظر إلى مهارة الكتابة الوظيفية على أنها مهارة وظيفية وعصرية في ظل التفجر المعرفي، الأمر الذي يتطلب بناء برامج تدريبية تُسهم في مساعدة الطلبة على إتقان هذه المهارة.

رابعاً: مكونات البرنامج التدريبي:

1- أهداف البرنامج:

يهدف البرنامج التدريبي المقترح إلى تحسين مستوى أداء طلبة الصف العاشر الأساسي في الأردن في الكتابة الوظيفية في اللغة العربية واتجاهاتهم نحوها، ويتوقع من الطالب بعد دراسته لهذا البرنامج أن يحقق أهدافا عامة، وأخرى خاصة تمّ اشتقاقها من قائمة مهارات الكتابة الوظيفية التي تمّ إعدادها وتحكيمها.

2 - محتوى البرنامج:

يُمثل اختيار المحتوى أهمية كبيرة في تحسين الكتابة الوظيفية والاتجاه نحوها، لذا فإن البرنامج يركز على موضوعات التعبير الكتابي الوظيفي المقررة لطلاب الصف العاشر الأساسي، في كتابي التعبير والتلخيص، والتطبيقات اللغوية، مع تعزيزها بتدريبات وأنشطة من إعداد الباحث، بحيث يكون المحتوى، كالآتي:

أ- تسع وحدات في الكتابة الوظيفية مقررة على طلبة الصف العاشر الأساسي في الأردن، والمتضمنة في كتابي التعبير والتلخيص، والتطبيقات اللغوية.

وستعرض نصوص هذه الوحدات دون تغيير في حجمها أو عناصرها أو مفرداتها، وهي: تلخيص قصة، وتلخيص فصل من كتاب، وتلخيص مسرحية، وتلخيص نص، وتلخيص سيرة غيرية، وكتابة مقالة صحفية، وتقرير عن مؤسسة التدريب المهني لسنة1989، وتقرير عن حادث سير، وتقرير عن مصادر المياه في الأردن، وتعبئة نماذج: الأول طلب توظيف صادر عن ديوان الخدمة المدنية، والثاني طلب استخدام صادر عن شركة مصفاة البترول الأردنية المساهمة المحدودة.

ب- تدريبات وأنشطة من إعداد الباحث، تغطي الأهداف التي تمّ ذكرها.

وقد تمّ إعدادها في ضوء مهارات الكتابة الوظيفية المستهدفة لمجالات الكتابة الوظيفية الأربعة: التلخيص، والمقالة الصحفية، والتقرير، وتعبئة النماذج.

ج- أعمال كتابية يُعدها الطلبة.

د- قراءات من كتب متخصصة.

ه- نماذج كتابية متنوعة تستخدم في الدوائر الحكومية.

3- استراتيجيات التعلم والتعليم:

1- يقوم المعلم منفذ البرنامج بتقديم إطار نظري مناسب حول أهمية المجال الوظيفي المستهدف في بداية الحصة الأولى، من خلال محاورة الطلبة ومناقشتهم.

2- يناقش المعلم مع الطلبة مفهوم المهارة المستهدفة، وأبعادها، ومستلزمات تشكلها، والمؤشرات الدالة على امتلاكها.

3- يقسم المعلم الطلبة إلى مجموعات غير متجانسة، ومن ثمّ يكلفهم بتنفيذ التدريب المطلوب، مع التأكيد على مشاركة جميع الطلبة، وإتاحة الفرصة الكافية للممارسة.

4- يتابع المعلم المجموعات أثناء التنفيذ، ويقدم الإرشادات والتوضيحات الضرورية.

5- بعد انتهاء الزمن المحدد مسبقاً للتدريب، يقوم مقرر كل مجموعة بعرض ما توصلت إليه مجموعته أمام الطلبة.

6- بعد الانتهاء من العرض، يقوم المعلم بمناقشة الأعمال بشكل جماعي مع الطلبة، مبرزاً أهم الإيجابيات والسلبيات التي لاحظها، مع كتابة أبرزها على السبورة.

7- بعد تقديم التغذية الراجعة المناسبة، يتيح المعلم للطلبة فرصة التقويم الذاتي، في ضوء المؤشرات السلوكية الدّالة على الأداء.

8 - بعد التأكد من كفاءة الطلبة في تنفيذ ما تم إنجازه، يتم تكليفهم بممارسة تطبيقات عملية بعضها داخل الصف والآخر على شكل واجبات بيتية.

9- يبرز المعلم بعض كتابات الطلبة المتميزة، من خلال لوحات الحائط والإذاعة المدرسية، والمسابقات المدرسية المختلفة.

4- الوسائل التعليمية:

هي جميع المواد التعليمية، وصحائف الأعمال، ووسائل الإيضاح التي صُممت لمساعدة الطلبة أفراد العينة التجريبية على تعلم المهارات المستهدفة.

5- أساليب وإجراءات التقويم:

- تقويم قبلي: من خلال اختبار كتابي ومقياس اتجاه، لتحديد مستوى أداء الطلبة في الكتابة الوظيفية، واتجاهاتهم نحوها، قبل تطبيق البرنامج.
- تقويم تكويني: أثناء تنفيذ البرنامج على شكل نشاطات واختبارات قصيرة وتغذية راجعة من منفذ البرنامج في ضوء أعمال الطلبة.
- تقويم ختامي: بعد الانتهاء من التطبيق، من خلال الأدوات التي تمّ استخدامها.

مجالات البرنامج التدريبي:

وأما مجالات الكتابة الوظيفية فهي متعددة ومتجددة بشكل يواكب متطلبات كل مرحلة من مراحل تطور الحياة البشرية، لهذا نجد أن بعض مجالاتها الحالية لم تكن معروفة قبل فترة قصيرة من الزمن، ومثال ذلك الرسائل الإلكترونية التي أصبحت تشكل مجالاً حيوياً وهاماً في مختلف جوانب الحياة الاقتصادية والسياسية والاجتماعية، ومن أبرز هذه المجالات التي اشتمل عليها البرنامج التدريبي:

أولاً: التلخيص:

يُعد التلخيص من أهم مجالات الكتابة الوظيفية التي تتطلبها الحياة اليومية المعاصرة، فهو مهارة وظيفية وعصرية، يحتاجها الطالب في حياته المدرسية والعملية، وإتقانها يسهل عليه الكثير من أمور حياته، وهو من وسائل الاتصال التي تخدم الكاتب والقارئ معاً؛ لهذا فقد حظي باهتمام كبير من قبل الباحثين

والمهتمين، فنشرت الأبحاث العلمية التي تركـز عـلى أهميتـه، وكيفيـة تمكين الطلبـة مـن امتلاك مهاراته الأساسية.

إضافة إلى ذلك فهو من أهـم الوسـائل التـي بوسـاطتها يمكـن مواجهـة طبيعـة التحـولات المتسارعة في الحياة المعاصرة، لما يمتاز به من قدرة على الاختصار وتوفير للوقت، في عصر الانفجار المعرفي، وتعدد مصادره، وهو من أهم العوامل التي تساعد الطالب على تسجيل الأفكار الرئيسة، وترتيب عناصر الموضوع، وتسلسلها، وترابطها بعبارات قصيرة موجزة، وهو مـن الوسـائل الرئيسـة التي تعمل على تنمية مهارة القراءة الناقدة لدى الطلبة، وتعزيز الاستيعاب وتخـزين المعلومـات وحفظها في الذاكرة، وكذلك تنظيم المادة الدراسية للاستذكار والمراجعة، إضافة إلى مراقبة مسـتوى الفهم والتذكر، وتعزيز التعلم بشكل عام.

ومع هذه الأهمية التي يحظى بها التلخيص، إلا أن تعليمه يُعد عمليـة صـعبة حتـى عنـد الكبار، ولكن يمكن تعليمه من خلال التدريب على مهمات كتابية محددة، في ضوء النظر إليه على أنه مهارة عقلية أكاديمية مهمة يحتاجها الطلبة في جميع المراحل التعليمية؛ لهذا لابد من معالجة ذلك عند تدريسه من خلال ضبط المحددات الخارجية والداخلية.

مفهوم التلخيص:

يتضح مما سبق أن هناك تبايناً في النظر إلى ماهية التلخيص، فنجد مـن نظر إليه" عـلى أنه التركيز على العناصر الأساسية المتضمنة في الموضوع وإعادة عرضها بإيجاز غـير مخل بالمعـاني الرئيسة". وهناك من يرى أنه" كتابة تقرير موجز واضح مترابط لمادة طويلة، منطوقة أو مكتوبـة بلغة سليمة، مع المحافظة على وحدة الأجزاء، والأفكار الرئيسة، والاتجاه العام للنص".

في حين يرى آخرون أنه عملية عقلية، وفي ضوء هذه النظرة يعرّف على "أنه تصوّر عقلي لإنجاز عمل ما، أو أنه "عملية تفكيرية تتضمن القدرة على إيجاد لب الموضوع واستخراج الأفكار الرئيسة فيه والتعبير عنها بوضوح وإيجاز".

خطوات كتابة الملخص الكتابي:

لا شك أن التباين في النظرة إلى مفهوم التلخيص ترتب عليها اختلافات في الآراء حول الكيفية التي يتم من خلالها إعداد الملخص الكتابي، مع أنها تُجمع على خطوات كثيرة، من أبرزها وجود علاقة ارتباطية قوية بين القدرة على القراءة والقدرة على كتابة الملخص.

وقد ذكرت دونا (Donna,1997) أن خطوات كتابة الملخص تقوم على:

- قراءة فكرة الكاتب أولاً.
- وضع خطوط أثناء القراءة تحت ما يراه مهماً.
- يكتب ويراجع ثم يحرر، حتى يتحقق من الدقة والتصحيح، واضعاً في ذهنه مهارة التلخيص.

وأما(جروان،1999 ؛ Hare & Borchadt.1984) فقد ذكروا أن خطوات كتابة الملخص الكتابي تتمثل في:

- مراجعة النص ووضع إشارات أو خطوط تحت الجمل الوصفية أو التفصيلية وحشو الكلام.
- صياغة الملخص بألفاظ من إنشاء القارئ، دون تحرّج من استخدام بعض الألفاظ والتعبيرات الواردة في النص.
- عد كلمات الملخص للتأكد من مطابقتها للعدد المطلوب بصورة تقريبية، وان لم يرد تحديد يُنصح بأن لا يزيد على ثلث كلمات النص الأصلي.

- مقارنة الملخص بالنص الأصلي للتأكد من عدم الإخلال بالفكرة الرئيسة والأفكار الفرعية أو المعلومات أو الحقائق الواردة في النص.
- أخيراً مراجعة النص لاستبدال أو حذف أو إضافة بعض الكلمات الضرورية.

بينما يرى الديب (1994) أن هناك خطوات أساسية للتدريب على إعداد الملخص الكتابي، تتمثل في:

- قراءة المادة المراد تلخيصها قراءة إجمالية للتعرّف على المحتوى والمعنى العام.
- فهم الفكرة الرئيسة في الفقرة والأفكار الجزئية التي تندرج تحتها.
- تحليل الموضوع والتمييز بين المهم وغير المهم من عناصره.
- معرفة الجمل الأساسية والجمل المفسرة الشارحة والجمل المؤكدة والمعللة.
- تحديد الجمل المفتاحية التي تبدأ بها الفقرة والكلمات المفتاحية لها.
- إعادة صياغة الفقرة من جديد في ألفاظ من كاتب الملخص مع الحفاظ على الأفكار الرئيسة.
- حذف الجمل المترادفة والتكرار والحشو.

المهارات اللازمة لكتابة الملخص:

وأما المهارات الأساسية التي تتطلبها كتابة الملخص، والتي يجب أن يمتلكها الكاتب، فهي متعددة ولكنها متفقة في جوهرها وتتمثل في:

- تحديد الهدف من التلخيص.
- تحديد المعلومات والحقائق والأفكار الرئيسة.
- التمييز بين الرئيس والثانوي.
- استخدام الجمل الدالة على الموضوع الرئيس.

51

- التخلص من الحشو والتفاصيل الزائدة.
- حذف الرسومات والجداول التوضيحية.
- إعادة تنظيم الأفكار والمعلومات بشكل مترابط في ضوء العلاقات القائمة بينها.
- ضرورة أن يكون موجها نحو أساسيات المعرفة وعمومياتها.
- صياغة الأفكار صياغة جديدة بأسلوب الكاتب.
- البُعد عن التحريف والتخلص من الاستطراد.

الجانب التطبيقي:
تطبيقات عملية تُنفذ من خلال استراتيجيتي العمل في مجموعات والحوار والمناقشة.
المهارات الفرعية لكتابة الملخص:
1- تحديد الفكرة الرئيسة.
2- التمييز بين الأفكار الرئيسة والأفكار الثانوية.
3- تعرّف الحشو اللغوي.
4 - استخدام الكلمات الجامعة.
5- عرض الأفكار الرئيسة باستيفاء ووضوح.
6 - استخدام الأسلوب الشخصي.
المؤشرات السلوكية الدالة على الأداء:
1. استنتاج الفكرة الرئيسة في المادة المراد تلخيصها.
2. تصنيف الأفكار الواردة في النص إلى رئيسة وفرعية.
3. حذف الكلمات أو الجمل في المادة موضع التلخيص، بشكل لا يخل بالمعنى العام.

4. توظيف الكلمات الجامعة في الكتابة.

5. عرض الفكرة بشكل منطقي و مقنع.

6. إعادة صياغة الأفكار والمعاني بقوالب لفظية جديدة بعيدة عن النقل الحرفي.

7. التقيد بالحجم المطلوب، سواء كان كلمات أو اسطر أو صفحات.

8. استخدام أدوات الربط المناسبة.

9. توظيف علامات الترقيم بشكل صحيح.

النموذج الأول: تلخيص قصة

الأهداف الخاصة:

يتوقع من الطالب في نهاية الوحدة أن:

1- يصوغ بلغته الخاصة تعريفا للتلخيص.

2- يتعرّف أهمية التلخيص في حياته.

3- يستنتج أسس التلخيص الجيد.

4- يحدد الفكرة الرئيسة في الفقرة.

5- يحدد الفكرة الرئيسة في القصة.

6- يحدد أهم المراحل أو الأحداث التي تكوّن القصة.

7- يلخص القصة بأسلوبه الشخصي.

النمور في اليوم العاشر

رحلت الغابات بعيداً عن النمر السجين في قفص، ولكنه لم يستطع نسيانها، وحدّق غاضبا إلى رجال يتحلقون حول قفصه وأعينهم تتأمله بفضول ودونما خوف، وكان أحدهم يتكلم بصوت هادئ ذي نبرة آمرة: " إذا أردتم حقا أن تتعلموا مهنتي؛ مهنة الترويض، فعليكم ألا تنسوا لحظة أن معدة خصمكم هدفكم

53

الأول، وسترون أنها مهنة صعبة وسهلة في آن واحد. انظروا الآن إلى النمر، انه نمر شرس متعجرف شديد الفخر بحريته وقوته وبطشه، ولكنه سيتغير، وديعا ومطيعا كطفل صغير، فراقبوا ما سيجري بين من يملك الطعام ومن لا يملكه، وتعلموا".

فبادر الرجال إلى القول إنهم سيكونون التلاميذ المخلصين لمهنة الترويض، فابتسم المروّض مبتهجا، ثم خاطب النمر متسائلا بلهجة ساخرة: "كيف حال ضيفنا العزيز؟

قال النمر: " أحضر لي ما آكله حان وقت طعامي".

قال المروّض بدهشة مصطنعة: "أتأمرني وأنت سجيني؟! يالك من نمر مضحك! عليك أن تدرك أني الوحيد الذي يحق له إصدار الأوامر".

قال النمر: " لا أحد يأمر النمور".

قال المروّض: " ولكنك الآن لست نمرا. أنت في الغابات نمرٌ، أما وقد صرت في القفص فأنت الآن مجرد عبد تمتثل للأوامر وتفعل ما أشاء".

قال النمر بنزق: "لن أكون عبدا لأحد".

قال المروّض: "أنت مرغم على إطاعتي لأني أن الذي اقدم لك الطعام".

قال النمر: "لا أريد طعامك".

قال المروّض: "إذن جع كما تشاء، فلن أرغمك على فعل ما لا ترغب فيه".

وأضاف مخاطبا تلاميذه: " سترون كيف سيتبدل، فالرأس المرفوع لا يشبع معدة جائعة".

وجاع النمر، وتذكر بأسه أيام كان ينطلق كريح دون قيود مطاردا فرائسه.

وفي اليوم الثاني، أحاط المروض وتلاميذه بقفص النمر، وقال المرّوض: "ألست جائعا؟ أنت بالتأكيد جائع جوعا يعذب ويؤلم. قل انك جائع فتحصل على ما تبغي من اللحم".

ظل النمر ساكتا، فقال المروض له: "افعل ما أقول ولا تكون أحمق. اعترف انك جائع فتشبع فورا".

قال النمر: "أنا جائع".

فضحك المرّوض وقال لتلاميذه: " ها هو ذا قد سقط في فخ لن ينجو منه ". وأصدر أوامره، فظفر النمر بلحم كثير.

وفي اليوم الثالث، قال المروض للنمر: " إذا أردت اليوم أن تنال طعاما فنفذ ما سأطلب منك ".

قال النمر: " لن أطيعك".

قال المروض: لا تكن متسرعا فطلبي بسيط جدا، أنت ألان تحوص في قفصك، وحين أقول لك: قف فعليك أن تقف".

قال النمر لنفسه: "انه فعلا طلب تافه لا يستحق أن أكون عنيدا وأجوع".

وصاح المروض بلهجة آمرة: " قف".

فتجمد النمر توا، وقال المروض بصوت مرح "أحسنت".

فسر النمر، وأكل بنهم بينما كان المروض يقول لتلاميذه "سيصبح بعد أيام نمرا من ورق"

وفي اليوم الرابع، قال النمر للمروض: "أنا جائع فاطلب مني أن اقف".

فقال المروض لتلاميذه: "ها هو قد بدأ يحب أوامري ".

ثم تابع موجها كلامه إلى النمر: " لن تأكل اليوم إلا إذا قلدت مواء القطط ".

فكظم النمر غيظه، وقال لنفسه:" سأتسلى إذا قلدت مواء القطط".

وقلد مواء القطط، فعبس المروض قال باستنكار: " تقليدك فاشل.هل تعد الزمجرة مواء".

قلد النمر ثانية مواء القطط، ولكن المروض ظل متجهم الوجه، وقال بازدراء:"اسكت. تقليدك ما زال فاشلا. سأتركك اليوم تتدرب على مواء القطط، وغدا سأمتحنك، فإذا نجحت أكلت، أما إذا لم تنجح فلن تأكل".

وابتعد المروض عن قفص النمر وهو يمشي بخطى متباطئة، وتبعه تلاميذه وهم يتهامسون متضاحكين، ونادى النمر الغابات بضراعة، ولكنها كانت نائية.

وفي اليوم الخامس، قال المروض للنمر:" هيا، إذا قلدت مواء القطط بنجاح نلت قطعة كبيرة من اللحم الطازج".

قلد النمر مواء القطط، فصفق المروض، وقال بغبطة:"عظيم، أنت تموء كقط في شباط.

ورمى إليه بقطعة كبيرة من اللحم.

وفي اليوم السادس، ما إن اقترب المروض من النمر حتى سارع النمر إلى تقليد مواء القطط. ولكن المروض ظل واجما مقطب الجبين، فقال النمر:" ها أنا قد قلدت مواء القطط ".

قال المروض:" قلد نهيق الحمار".

قال النمر باستياء: "أنا النمر الذي تخشاه حيوانات الغابات، أقلد الحمار؟ سأموت ولن أنفذ طلبك ".

فابتعد المروض عن قفص النمر دون أن يتفوه بكلمة.

وفي اليوم السابع، اقبل المروض نحو قفص النمر باسم الوجه وديعا، وقال للنمر:"ألا تريد أن تأكل؟. " قال النمر: أريد أن آكل".

قال المروض: اللحم الذي ستأكله له ثمن، انهق كالحمار تحصل على الطعام".

حاول النمر أن يتذكر الغابات، فأخفق، واندفع ينهق مغمض العينين، فقال المروض: " نهيقك ليس ناجحا، ولكنني سأعطيك قطعة من اللحم إشفاقا عليك".

وفي اليوم الثامن، قال المروض للنمر:" سألقي مطلع خطبة، وحين انتهي صفق إعجابا"

قال النمر: سأصفق ".

فابتدأ المروض إلقاء خطبته، فقال: " أيها المواطنون سبق لنا في مناسبات عديدة أن أوضحنا موقفنا من كل القضايا المصيرية، وهذا الموقف الحازم الصريح لن يتبدل مهما تآمرت القوى المعادية، وبالإيمان سننتصر".

قال النمر: " لم أفهم ما قلت".

قال المروض: " عليك أن تعجب بكل ما أقول وأن أتصفق إعجابا به".

قال النمر:" سامحني أنا جاهل أمي، وكلامك رائع وسأصفق كما تبغى".

وصفق النمر: فقال المروض: "أنا لا أحب النفاق والمنافقين، ستحرم اليوم من الطعام عقابا لك ".

وفي اليوم التاسع، جاء المروض حاملا حزمة من الحشائش وألقى بها للنمر وقال: "كل".

قال النمر:" ما هذا؟ أنا من آكلي اللحوم ".

قال المروض:" منذ اليوم لن تأكل سوى الحشائش".

ولما اشتد جوع النمر، حاول أن يأكل الحشائش فصدمه طعمها وابتعد عنها مشمئزا، ولكنه عاد إليها ثانية، وابتدأ يستسيغ طعمها رويدا رويدا.

وفي اليوم العاشر، اختفى المروض وتلاميذه والنمر والقفص فصار النمـر مواطنـا، والقفـص مدينة.

الأساليب والوسائل والأنشطة:

الهدف الأول: أن يتعرّف الطالب أهمية التلخيص في حياته.

تدريب:

- يطلب المعلم من كل مجموعة أن تكتب سبع فوائد للتلخيص.

- يعرض مقرر كل مجموعة ما توصلت إليه مجموعته.

- مناقشة جماعية لتحديد أهم الفوائد، وعرضها من خلال جهاز العرض أمام الطلبة.

يزود الباحث المعلم بالفوائد الآتية للاستعانة بها:

1 - يساعد على الاقتصاد في الوقت.

2 - يمكّن الطالب من التمييز بين الأفكار الرئيسة والثانوية.

3 - يساعد على دقة الفهم عند القراءة.

4 - يساعد الطالب في الاستغناء عن قراءة النص كاملا.

5 - يكسب الطالب ا لقدرة على الحكم على أهداف الكاتب.

6 - يدرّب الطالب على تنظيم الأفكار وترتيبها.

7 - يكسب الطالب القدرة على الكتابة والتأليف.

الهدف الثاني: أن يصوغ الطالب بلغته الخاصة تعريفا للتلخيص.

تدريب:

يوزع المعلم على المجموعات صحيفة عمل عليها ثلاثة تعريفات رئيسة للتلخيص، ويطلب منهم الإجابة عن الأسئلة الآتية:

- ما أوجه الشبه بين التعريفات الثلاثة؟

- ما أوجه الاختلاف بين التعريفات الثلاثة ؟
- صُغ بلغتك الخاصة تعريفا للتلخيص.

يزود الباحث المعلم بالتعريفات الثلاثة:

التعريف الأول: " هو التعبير عن الأفكار الأساسية للموضوع أو النص في كلمات قليلة دون إخلال بالمضمون أو إبهام في الصياغة".

التعريف الثاني: " هو عملية تفكيرية تتضمن القدرة على إيجاد لب الموضوع واستخراج الأفكار الرئيسة فيه، والتعبير عنها بإيجاز ووضوح".

التعريف الثالث: " هو تأدية كلام سابق، منطوق أو مكتوب، بأقل من عباراته الأصلية مع الحرص على استيفاء جميع الفكر والأجزاء الرئيسة دون أن يفقد الكلام وحدته وتلاحم أجزائه، مع الحفاظ على الاتجاه العام للقطعة الأصلية".

الهدف الثالث: أن يستنتج الطالب أسس كتابة الملخص الجيد.

تدريب:

يعرض المعلم من خلال جهاز العرض ملخصا للقصة السابقة من بدايتها حتى قول النمر " أنا جائع". على النحو الآتي:

وقع نمر في الأسر، فسمع وهو في قفصه المروّض يحدث تلاميذه عن الصعوبات التي سيواجهونها وطريقة حلها. وعندما جاع النمر طلب من مروضه طعامه، فرفض المروض طلبه إلا إذا قال: "أنا جائع"، وبعد صراع النمر مع نفسه وجوعه قال: " أنا جائع".

وبعد ذلك تتم مناقشة الملخص في ضوء الإجابة عن الأسئلة الآتية:

- ما الألفاظ الجديدة التي وردت في الملخص؟
- أيهما أطول الملخص أم النص الأصلي ؟

- هل يعبّر الملخص عن الفكرة الرئيسة الواردة في النص الأصلي؟
- هل حافظ الملخص على الموضوع العام للنص ؟
- هل جاءت العبارات والجمل مترابطة بشكل يدعم بعضها بعضا؟
- حدد علامات الترقيم التي تضمنها الملخص.
- هل اتسم الملخص بالترتيب والنظام؟
- هل تضمن تفاصيل ثانوية؟
- هل هناك كلمات يمكن حذفها ؟

من خلال الحوار والمناقشة بعد عرض المجموعات، تتم الإجابة عن الأسئلة السابقة، ويشتق الطلبة أسس كتابة الملخص الكتابي.

يزود المعلم الطلبة بأهم أسس الملخص الجيد، للاسترشاد بها.

- أن يكون الملخص بلغة الكاتب.
- أن لا يزيد حجم الملخص عن ثلث أو ربع النص الأصلي.
- أن يعبّر عن الفكرة الرئيسة الواردة في النص الأصلي.
- المحافظة على الموضوع العام للنص الأصلي.
- أن تكون العبارات والجمل مترابطة بشكل يدعم بعضها بعض.
- أن يستخدم علامات الترقيم في أماكنها الصحيحة.
- أن يتسم الملخص بالترتيب والنظام.
- حذف التفاصيل الثانوية، بشكل لا يخل بالمعنى.

الهدف الرابع: أن يستخرج الطالب الفكرة الرئيسة في الفقرة.

تدريب:

يوزع المعلم على المجموعات صحيفة عمل عليها الفقرة الأولى من القصة السابقة:

من بدايتها إلى قول المروّض" فراقبوا ما سيجري بين من يملك الطعام ومن لا يملكه، وتعلموا".

يطلب المعلم من المجموعات وضع دائرة حول رمز الإجابة الصحيحة:

1- الكلمة الدالة على الفكرة الرئيسة في الفقرة:

أ- السجين.　　　ب- الترويض.　　جـ- المعدة.　　د – الخصم.

2- جملة الفكرة الرئيسة في الفقرة السابقة:

أ-　　　يتحلقون حول قفصه وأعينهم تتأمله بفضول ودونما خوف.

ب-　　　إذا أردتم حقا أن تتعلموا مهنتي؛ مهنة الترويض.

ج-　　　فعليكم ألا تنسوا لحظة أن معدة خصمكم هدفكم الأول.

د- إنه نمر شرس متعجرف شديد الفخر بحريته وقوته وبطشه.

3- الفكرة الرئيسة في الفقرة تتحدث عن:

أ- النمر السجين.　　　　　ب- أهمية الغذاء.

ج- مهنة الترويض.　　　　　د- غرور النمر.

الهدف الخامس: أن يستنتج الطالب الفكرة الرئيسة في القصة.

تدريب:

- بعد قراءة قصة" النمور في اليوم العاشر" يتم توضيحها من خلال الحوار والمناقشة، ثم يطلب المعلم من المجموعات الإجابة عن الأسئلة الآتية، وذلك بوضع دائرة حول رمز الإجابة الصحيحة:

61

1- أهم الشخوص البارزة في القصة:

أ - النمر والحمار. ب - المروّض والقط.

ج - النمر والمروّض. د - التلاميذ والنمر.

2- الشخصية الرئيسة في القصة:

أ - النمر. ب - التلاميذ.

ج - المروّض. د - الحمار.

3- وردت الفكرة الرئيسة في:

أ - اليوم الثالث. ب - اليوم الخامس.

ج - المقدمة. د - غير مصرح بها.

4- الفكرة الرئيسة في القصة:

أ - كبرياء النمر. ب - الطاعة العمياء.

ج - ذكاء المروّض. د - دور الغذاء.

5- العنوان الأكثر مناسبة للقصة:

أ - الكبرياء. ب - الثبات.

ج - أثر الجوع. د- المروّض.

الهدف السادس: أن يحدد الطالب أهم الأحداث والمراحل التي تكوّن القصة.

تدريب:

يوزع المعلم على المجموعات صحيفة عمل، ويطلب وضع إشارة صح أمام العبارة التي من أحداث القصة السابقة، وإشارة خطأ أمام العبارة التي ليست من أحداثها:

1 - وقوع النمر في الأسر. 2- ثبات النمر على مواقفه.

3- سخرية المروّض من النمر.　　　4- تعاطف المروّض مع النمر.
5- كبرياء النمر في البداية.　　　6 - إطلاق سراح النمر في النهاية.
7-عدم طلب النمر الأكل.　　　8- تنفيذ النمر لأوامر المروّض.
9- لم ينجح المروّض في إذلال النمر.　　　10- المبالغة في إذلال النمر.
11- الطاعة العمياء لمالك الطعام في النهاية.

الهدف السابع: أن يلخص الطالب القصة بلغته الخاصة.

تدريب:

بعد أن تم ّتحديد الأفكار الرئيسة، وأهم الأحداث البارزة في القصة، يطلب المعلم من كل مجموعة أن تكتب ملخصاً للقصة لا يتجاوز سبعة أسطر.

التدريب المساند (واجب بيتي): ينفذ بشكل فردي.

- يكلف المعلم كل طالب بتلخيص قصة قصيرة، بحيث لا يتجاوز الملخص ربع حجمها الأصلي.
- يصحح المعلم كتابات الطلبة.
- يقدم التغذية الراجعة.
- يكلّف بعض الطلبة بقراءة ملخصا تهم في الإذاعة المدرسية.
- توضع بعض الملخصات الجيدة على لوحة الحائط في المدرسة.

التقويم:

- متابعة المعلم لأداء الطلبة أثناء التنفيذ.
- تقديم الإرشادات والتوجيهات اللازمة.
- تصحيح المعلم لأعمال الطلبة وتقديم التغذية الراجعة المناسبة.
- ملاحظة مدى اهتمام الطلبة وتفاعلهم، أثناء العمل في المجموعات.

النموذج الثاني: تلخيص فصل من كتاب

الأهداف الخاصة:

يتوقع من الطالب في نهاية الوحدة أن:

1- يميز بين الأفكار الرئيسة والثانوية.

2- يتعرّف الحشو اللغوي(الكلام الزائد).

3- يستخدم الكلمات الجامعة في تلخيصه.

4- يلخص بأسلوبه الشخصي.

5- تنمو لديه الاتجاهات الإيجابية نحو كتابة الملخص.

من روائع حضارتنا

إن لاطّراد الحضارة وتقدمها عوامل متعددة من جغرافية واقتصادية ونفسية كالدين واللغة والتربية، ولانهيارها عوامل هي عكس تلك العوامل التي تؤدي إلى قيامها وتطورها، ومن أهمها: الانحلال الخلقي والفكري واضطراب القوانين والأنظمة وشيوع الظلم والفقر، وانتشار التشاؤم واللامبالاة، وفقدان الموجهين الأكفياء.. وقصة الحضارة تبدأ منذ عُرف الإنسان، وهي حلقة متصلة تسلمها الأمة المتحضرة إلى من بعدها، ولا تختص بأرض ولا عرق، وإنما تنشأ من العوامل السابقة التي ذكرناها، وتكاد لا تخلو أمة من تسجيل بعض الصفحات في تاريخ الحضارة، غير أن ما تمتاز به حضارة عن حضارة، إنما هو قوة الأسس التي تقوم عليها، والتأثير الكبير الذي يكون لها، والخير العميم الذي يصيب الإنسانية من قيامها، وكلما كانت الحضارة عالمية في رسالتها، إنسانية في نزعتها، خلقية في اتجاهاتها، واقعية في مبادئها، كانت أخلد في التاريخ، وأبقى على الزمن، وأجدر بالتكريم.

وحضارتنا حلقة من سلسلة الحضارات الإنسانية، سبقتها حضارات وستتبعها حضارات، وقد كان لقيام حضارتنا عوامل ولانهيارها أسباب هي مما تعنيه هذه السلسلة، وإنما نريد قبل أن نبدأ الحديث عن روائع هذه الحضارة أن نتحدث عن دورها الخطير في تاريخ التقدم الإنساني ومدى ما قدمته في ميدان العقيدة والعلم والخلق والحكم والفن والأدب من أياد خالدة على الإنسانية في مختلف شعوبها وأقطارها. إن أبرز ما يلفت نظر الدارس لحضارتنا أنها تميزت بالخصائص التالية:

إنها قامت على أساس الوحدانية المطلقة في العقيدة، فهي أول حضارة تنادي بالإله الواحد الذي لاشريك له في حكمه وملكه، وهو وحدة الذي يعبد، وهو وحده الذي يقصد. وهو الذي يعز ويذل ويعطي ويمنع، وما من شيء في السموات والأرض إلا هو تحت قدرته وفي متناول قبضته. هذا السمو في فهم الوحدانية كان له أثر كبير في رفع مستوى الإنسان وتحرير الجماهير من طغيان الملوك والأشراف الأقوياء ورجال الدين، وتصحيح العلاقة بين الحاكمين والمحكومين. كما كان لهذه العقيدة أثر كبير في الحضارة الإسلامية تكاد تتميز به عن كل الحضارات. وهو خلوها من كل مظاهر الوثنية وآدابها وفلسفتها في العقيدة والحكم والفن والشعر والأدب، فالإسلام الذي أعلن الحرب العوان على الوثنية ومظاهرها لم يسمح لحضارته أن تقوم فيها مظاهر الوثنية وبقاياها المستمرة في اقدم عصور التاريخ، كتماثيل العظماء والصالحين والأنبياء والفاتحين، وهذه الوحدة في العقيدة تطبع كل الأسس والنظم التي جاءت بها حضارتنا، فهناك الوحدة في الرسالة، والوحدة في التشريع، والوحدة في الأهداف العامة، والوحدة في وسائل المعيشة وطراز التفكير، حتى أن الباحثين في الفنون الإسلامية

قد لاحظوا وحدة الأسلوب والذوق فيها على الرغم من تنوع أشكالها وزخرفتها وتباعد أقطارها وأمصارها.

وثاني خصائص حضاراتنا أنها إنسانية النزعة والهدف، عالمية الأفق والرسالة، فلقد أعلن القرآن الكريم وحدة النوع الإنساني على الرغم من تنوع أعراقه ومنابته ومواطنه يقول تعالى:(يا أيها الناس إنّا خلقناكم من ذكر وأنثى وجعلناكم شعوبا وقبائل لتعارفوا إنّ أكرمكم عند الله أتقاكم) والإسلام حيثما أعلن هذه الوحدة الإنسانية العالمية جعل حضارته عقدا تنتظم فيه جميع العبقريات للشعوب والأمم التي خفقت فوقها راية الفتوحات ألا سلامية؛ ولذلك كانت كل حضارة تستطيع أن تفاخر بالعباقرة من أبناء جنس واحد وأمة واحدة، إلا الحضارة الإسلامية فإنها تفاخر بالعباقرة الذين أقاموا صرحها من جميع الأمم والشعوب، فأبو حنيفة ومالك والشافعي وأحمد بن حنبل والخليل وسيبويه والكندي والغزالي والفارابي وأمثالهم ممن اختلفت أصولهم وتباينت أوطانهم، ليسوا إلا عباقرة قدمت فيهم الحضارة الإسلامية إلى الإنسانية أروع الفكر الإنساني السليم.

وثالث خصائص حضارتنا أنّها جعلت للمبادئ الأخلاقية المحل الأول في كل نظمها ومختلف ميادين نشاطها وهي لم تتخل عن هذه المبادئ قط، ولم تجعلها وسيله لمنفعة دوله أو جماعة أو أفراد، فلقد روعيت المبادئ الأخلاقية في كل جوانب الحياة تشريعا وتطبيقا وبلغت في ذلك شأواً سامياً بعيداً لم تبلغه حضارة في القديم والحديث؛ ولقد تركت الحضارة الإسلامية في ذلك آثاراً تستحق الإعجاب وتجعلها وحدها من بين الحضارات التي كفلت سعادة الإنسانية سعادة خالصة لا يشوبها شقاء.

ورابع الخصائص أنها تؤمن بالعلم في أصدق أصوله وترتكز على العقيدة أصفى مبادئها. لقد خاطب العقل والقلب معا، وأثارت العاطفة والفكر في وقت واحد، وهي ميزة لم تشاركها فيها حضارة في التاريخ، ولقد استطاعت حضارتنا أن تنشئ نظاما للدولة قائما على مبادئ الحق والعدالة مرتكزا إلى الدين والعقيدة دون أن تقيم الدين عائقا دون رقي الدولة واطراد الحضارة، بل كان الدين من أكبر عوامل الرقي فيها، فمن بين جدران المساجد في بغداد ودمشق والقاهرة وقرطبة انطلقت أشعة العلم إلى أنحاء الدنيا قاطبة. إن الحضارة الإسلامية هي الوحيدة التي لم يفصل فيها الدين عن الدولة مع نجاتها من كل مآسي المزج بينهما كما عرفته أوروبا في القرون الوسطى. لقد كان رئيس الدولة خليفة وأمير للمؤمنين، لكن الحكم عنده للحق، والتشريع للمختصين فيه، ولكل فئة من العلماء اختصاصهم، والجميع يتساوون أمام القانون، والتفاضل بالتقوى والخدمة العامة للناس، هذا هو الدين الذي قامت عليه حضارتنا ليس فيه امتياز لرئيس ولا لرجل دين ولا لشريف ولا لغني.

وآخر ما نذكره من خصائص حضارتنا هذا التسامح الديني العجيب الذي لم تعرفه حضارة مثلها قامت على الدين، إن الذي لا يؤمن بإله لا يبدوعجيبا إذا نظر إلى الأديان كلها على حد سواء، وعامل اتباعها بالقسطاس المستقيم، ولكن صاحب الدين الذي يؤمن بأن دينه حق، وأن عقيدته أقدم العقائد وأصحها، ثم يتاح له أن يحمل السيف ويفتح المدن ويستولي على الحكم، ويجلس على منصة القضاء ثم لا يحملة ايمانة بدينه، واعتزازه بعقيدته، على أن يجور في الحكم أو أن ينحرف عن سنن العدالة، أو يحمل الناس على اتباع دينه، إنّ رجلاً مثل هذا لعجيب أن يكون في التاريخ، فكيف إذا وجد في التاريخ حضارة قامت على الدين، وشادت قواعدها على مبادئه، ثم هي من أشدّ ما عرف التاريخ تسامحاً

وعدالة ورحمة وإنسانية. هذا ما صنعته حضارتنا، وهناك عشرات الأمثال آلتي تدلل على صحة ذلك، وحسبنا أن نعرف أن حضارتنا تنفرد في التاريخ بأن الذي أقامها دين واحد، ولكنها كانت للأديان جميعا. هذه خصائص حضارتنا آلتي كانت محل إعجاب العالم، ومهوى أفئدة الأحرار والأذكياء من كل جنس ودين، يوم كانت قوية تحكم وتوجه وتهذب وتعلم، فلما انهارت وقامت من بعد حضارة أخرى اختلفت الأنظار في تقدير قيمة حضارتنا، فمن مزر بها ومن معجب، ومن متحدث عن فضائلها، ومن مبالغ في الانتقاص منها. وهكذا تختلف أنظار الباحثين الغربيين اليوم لحضارتنا، فقد كان جلّهم إما متعصبا لدين أعمت العصبية بصره عن رؤية الحق، أو متعصبا لقومية حمله كبرياء القومية على أن لا يعترف لغير أمته بالفضل.

ولكن ما عذرنا نحن في تأثرنا بآرائهم في حضارتنا؟ لعل حجة المستخفين من قومنا بقيمة حضارتنا أنها ليست شيئا إذا قيست بروائع هذه الحضارة الحديثة واختراعاتها، وهذا لوصح فإنه ليس مسوغاً يبرر الاستخفاف بحضارتنا لسببين:

أولهما: أن كل حضارة فيها عنصران: عنصر روحي أخلاقي، وعنصر مادي، أما العنصر المادي فإن كل حضارة متأخرة تفوق ما سبقها، ومن العبث أن تطالب الحضارة السابقة بما وصلت إليه الحضارة اللاحقة، فالعنصر المادي في الحضارات ليس هو أساس التفاضل بينها دائماً.

وأمّا العنصر الأخلاقي والروحي فهو الذي تخلد به الحضارات، وتؤدي به رسالتها في إسعاد الإنسانية، ولقد سبقت حضارتنا كل الحضارات السابقة واللاحقة في هذا الميدان.

ثانيهما: أن الحضارات لا يقارن بينها بالمقياس المادي في المعيشة والمأكل أو الملبس وانما يقارن بينهما بالآثار التي تتركها في تاريخ الإنسانية، شانها في ذلك

شأن المعارك والوقائع. إن معركة (كاني) التي هـزم فيهـا القائـد القرطاجي (هنيبـال) الرومانيين هزيمة منكرة، لاتزال من المعارك التي تدرّس في المدارس العسكرية في أوروبا حتى الآن، وإن معارك خالد بن الوليد في فتوح العراق والشـام، لاتـزال محـل دراسـة العسكريين الغربيين وإعجابهم، وهـي عنـدنا مـن الصفحات الذهبيـة في تاريخنا، فـما كان قِدم معركة (كاني) أو معركة بدر أو مؤتة أو معركة القادسية أو حطين ليحول دون النظـر إليها، على أنها معارك فاصلة في التاريخ.

الأساليب والوسائل والأنشطة:

الهدف الأول: أن يميز الطالب بين الأفكار الرئيسة والأفكار الثانوية.

تدريب (1):

بعد قراءة النص السابق ومناقشته، يعرض المعلم الفقرة مـن " قامت الحضارة العربيـة الإسلامية على أساس الوحدانية المطلقة في العقيدة.........إلى وتباعد أقطارها وأمصارها" أمام الطلبة من خلال جهاز العرض، ويطلب من كل مجموعة الإجابـة عن الأسئلة الآتية:

- ما الفكرة الرئيسة التي تضمنتها الفقرة السابقة؟
- استخرج من الفقرة السابقة ثلاث أفكار ثانوية.

تدريب (2):

يـوزع المعلـم عـلى المجموعـات صـحيفة عمـل عليهـا الفقـرة مـن " إن لاطـراد الحضارة................... إلى واجدر بالتكريم"، ويطلب وضع دائرة حول رمز الإجابة الصحيحة:

69

1- الفكرة الرئيسة في الفقرة:

1. إنسانية الحضارة.
2. الانحلال الخلقي.
3. عوامل انهيار الحضارة وبقائها.
4. الأسس التي تقوم عليها الحضارة.

2- وردت الفكرة الرئيسة في الفقرة السابقة:

أ- في وسطها.   ب- في بدايتها.

ج- غير مصرح بها.   د- في نهايتها.

3- جميع الأفكار الثانوية الآتية وردت في الفقرة السابقة، ماعدا واحدة:

أ- عوامل انهيار الحضارة.

ب- قصة الحضارة.

ج- دور السلاح في بناء الحضارة.

د- مقارنة بين بعض الحضارات.

تدريب (3):

من خلال الفقرة الواردة في النص السابق من" وآخر ما نذكره من خصائص حضارتنا هذا

التسامح الديني.................. إلى ولكنها كانت للأديان جميعا".

- استخرج ثلاث أفكار ثانوية داعمة للفكرة الرئيسة.

الهدف الثاني: أن يتعرّف الطالب الكلام الزائد في النص(الحشو اللغوي).

تدريب:

يوزع المعلم على المجموعات صحيفة عمل عليها الفقرة الآتية:

أوكل الله إلى الرجل إدارة الأسرة، وهي المؤسسة الاجتماعية الأولى، نواة المجتمع الكبير، فقد قضى الله عز وجل أن يكون الرجال قوامين على النساء بما فضل الله بعضهم على بعض وبما أنفقوا من أموالهم، والمتأمل في قوله عزّ وجلّ" الرجال قوامين على النساء" يجد أنه يعني قوامة الرعاية والعناية والحماية، لاقوامة التعالي والتفاخر والكبر، والآية تؤكد الرعاية المستمرة والمسؤولية الكبيرة التي ينبغي على الرجل أن يتحملها بصبر وثبات واستمرار.

- ضع دائرة حول رمز الإجابة الصحيحة:

1- الفكرة الرئيسة في الفقرة:

أ- الأسرة المعاصرة.

ب-الأسرة نواة المجتمع.

ج- قوامة التعالي والتفاخر.

د- إدارة الأسرة في الإسلام.

2 – جميع الأفكار الثانوية الآتية وردت في الفقرة، ماعدا واحدة:

أ - الأسرة المؤسسة الاجتماعية الأولى.

ب - الأسرة نواة المجتمع الكبير.

ج- قوامة الرعاية والعناية المستمرة.

د - حق الأبناء في التعليم.

3- جميع العبارات الآتية يمكن حذفها، ماعدا واحدة:

أ- هي المؤسسة الاجتماعية الأولى.

ب- أوكل الله إلى الرجل إدارة الأسرة.

ج- يجد أنه يعني قوامة الرعاية والعناية والحماية.

د- قضى الله عزّ وجل أن يكون الرجال قوّامين على النساء.

الهدف الثالث: أن يستخدم الطالب الكلمات الجامعة في التلخيص.

تدريب (1):

" تقوم وزارة المياه والري في الأردن بدور مهم في سبيل تأمين المياه، وهي تولي هـذا الأمـر أهمية خاصة بسبب محدودية هذه المصادر، وزيادة كمياتها ونقصها من حين إلى آخر.

1- الكلمة الجامعة التي تعبّر عما تحته خط في الفقرة السابقة:

أ- ثباتها.　　　　　　　　ب- تذبذبها.

ج-كثرتها.　　　　　　　　د- نقصها.

2- " فهي أول حضارة تنادي بالإله الواحد الذي لا شريك له في حكمه وملكه، وهو وحده الذي يعبد، وهو وحده الذي يقصد، وهو وحده الذي يعز ويذل ويعطي ويمنع".

3- العبارة الجامعة التي تعبر عن معنى الفقرة السابقة:

أ- الله وحده الحاكم.　　　　ب- الله وحده الرازق.

ج- الوحدانية المطلقة.　　　　د- الله وحده الذي يعبد.

تدريب (2):

يوزع المعلم على المجموعات صحيفة عمل عليها ملخص الفقرة الأولى مـن " إن لاطراد الحضارة وتقدمها.............إلى وأجدر بالتكريم". على النحو الآتي:

" إن للحضارة عوامل اطراد وعوامل انهيار. أما عوامل اطرادها فهي الدين واللغة والتربية، وأما عوامل انهيارها فهي الانحلال الخلقي والفكري واضطراب القـوانين والأنظمـة وشيوع الظلـم والفقر وانتشار التشاؤم واللامبالاة وفقدان الموجهين الأكفياء. أما كيف تكونت الحضارة فإن لكـل أمة إسهاماتها في الحضارة

الإنسانية، وبمقدار ما تكون الحضارة عالمية الرسالة وإنسانية النزعة وأخلاقية الاتجاه وواقعية المبادئ بمقدار ما تكسبه صفة الخلود والبقاء".

- الفكرة الرئيسة التي تضمنها الملخص،هي...............
- أبرز كلمتين جامعتين في الملخص، هما:1-........ 2-.......
- ضع خطا تحت الكلمات التي يمكن حذفها دون إخلال بالمعنى العام للفقرة.
- هل حافظ الملخص على المعنى العام للفقرة من خلال المقارنة مع النص الأصلي؟
- أعد صياغة الملخص بلغتك الخاصة بما لا يتجاوز ثلاثة أسطر.

الهدف الرابع: أن يلخص الطالب بأسلوبه الشخصي.

تدريب(1):

من خلال النص(من روائع حضارتنا) يطلب المعلم من كل مجموعة الإجابة عن الآتية:

- الموضوع الرئيس الذي تحدث عنه النص، هو...................
- أبرز ثلاث أفكار رئيسة، هي:1-.......2-........3-...............

تدريب(2):

يطلب المعلم من كل مجموعة أن تقوم بربط الأفكار الرئيسة بصياغة جديدة لتكوّن ملخصا للنص السابق.

التدريب المساند(واجب بيتي): ينفذ بشكل فردي

يقوم كل طالب بتلخيص نص من أحد الكتب المقررة، ملتزما بمعايير التلخيص الجيد.

- يصحح المعلم أعمال الطلبة.

- يكلف أصحاب الأعمال المتميزة بقراءة ملخصا تهم في الإذاعة المدرسية الصباحية.
- وضع بعض الملخصات الجيدة على لوحات الحائط.

التقويم:

- متابعة الطلبة أثناء تنفيذ التدريبات.
- تقديم التوجيهات اللازمة.
- تصحيح أعمال الطلبة وتقديم التغذية الراجعة.
- الإجابة عن الأسئلة.

النموذج الثالث: تلخيص مسرحية

الأهداف الخاصة:

يتوقع من الطالب في نهاية الوحدة أن:

1 - يستنتج الفكرة الرئيسة في المسرحية.

2- يستخرج الفكرة الرئيسة في كل مشهد.

3- يحدد الشخوص الرئيسة في المسرحية.

4- يستخدم علامات الترقيم استخداماً صحيحاً.

5- يلخص المسرحية بأسلوبه الشخصي.

الخليفة العادل

المشهد الأول

" الخليفة عمر بن الخطاب – رضي الله عنه – في بيت الخلافة ينظر في شـؤون الرعيـة، وفي مجلسه عدد من الصحابة بينهم أنس بن مالك، وإذا برجل يدخل على عجـل، ويقتـرب مـن عمـر– رضي الله عنه - حتى يفطن لوجوده".

عمر(ينظر إلى الرجل مستغربا)

- ما بالك يا عبد الله؟!

الرجل(يرتعد) - حاجةٌ... حاجةٌ أتت بي إليك يا أمير المؤمنين..

عمر - هدّئ من روعك، واجلس مطمئنا..

الرجل - شكراً يا أمير المؤمنين..

عمر - من أين قدومك أيها الرجل؟

الرجل - من مصر يا أمير المؤمنين.. إن لي حاجة.. حاجة أتت بي إليك..

أين يفرّ الظالم من غضب الله...؟

عمر(وقد رق للرجل) - أراك ترتجف يا رجل، وكأنك يائس من إنصافك..

الرجل - معاذ الله يا أمير المؤمنين، فما قطعت المسافات الطويلة إلا والأمل يحدوني في نيل الحق وقضاء الحاجة.. ولكنه الظلم.. (يبدو وكأنه سينفجر بالبكاء).

عمر - سننظر في حاجتك يا رجل، وسنرى إن كنت مظلوما.. إنّ دعوة المظلوم ليس بينها وبين الله حجاب.. أين يذهب عمر من رب السموات والأرض إن لم يقض لك بالحق، ويأخذ لك ممن تزعم أنه ظلمك واجترأ على حق الله!

الرجل - أنني مظلوم يا أمير المؤمنين، وهذا مقام العائذ بك، أنصفني ممن ظلمني!

عمر- أذن، اسمعني قصتك يا عبد الله!

أنس- أذكر قصتك يا رجل فأنت بين يدي أمير المؤمنين.. (لنفسه) يبدو أنه مظلوم حقا..

الرجل- يا أمير المؤمنين، أجرى عمرو بن العاص الخيل بمصر، فأقبلت فرس لي، فلما نظرها الناس أول الخيل، قام محمد بن عمرو بن العاص فقال:

فرسي ورب الكعبة، فلما دنت مني عرفتها، فقلت: فرسي ورب الكعبة فقام يضربني بالسوط ويقول: خذها وأنا ابن الاكرمين.

عمر - أهكذا يجترئ عليك بسلطة أبيه؟ ولِمَ لم تتظلم للوالي؟

الرجل- خشيت ألا ينصفني من ابنه، فعزمت على رفع ظلامتي إليك يا أمير المؤمنين.

ويح عمرو.. هل درى بما جرى في السّباق، فإنه إن فعل فقد ابتدع بدعةً في الحكم لا تتحكم فيه إلاّ أفسدته وقوضته، أو تظنه علم بذلك؟

الرجل- لا أظن الوالي علم بالأمر يا أمير المؤمنين.

عمر- اطمئن بالاً يا رجل، فسننظر في الأمر ولن يخذلك أمير المؤمنين.

(إلى الكاتب).

اكتب الساعة لعمرو: إذا جاءك كتابي هذا فأقبل ومعك ابنك محمدٌ لا يتخلف لداعٍ أبدا.

(ينظر إلى الرجل).

أما أنت فأقم حتى يقدم الوالي، فالقوي عندي ضعيفٌ حتى آخذ الحق منه، والضعيف عندي قويُّ حتى آخذ الحق له.

(يخرج الرجل بصحبة من يعتني به في مقامه).

انس - لقد أدارت أوهام الرّياسة رأس ابن عمرو بن العاص !!

المشهد الثاني:

"عمر بن الخطاب في مجلسه السابق، وعمرو بن العاص وابنه محمد يدخلان ".

عمرو بن العاص - السلام على أمير المؤمنين.

عمر(متجهماً وعليكم السلام ورحمة الله..ما الذي فعلته يا عمرو.

أهكذا تُساس الرعية.

(إلى أحد رجاله)

ابعث في طلب المصريّ..

(يوجه حديثه إلى عمرو)

أصحيح أن ابنك محمدا ضرب المصري بالسوط في سباق الخيل؟!

هل ضربته يا محمد؟

عمرو- لقد فعلها يا أمير المؤمنين.

عمر- ولم تنصف هذا الرجل حين بلغك ما جرى؟

عمرو- لم يبلغني الخبر إلا حين بعثت في طلبي.. لقد كتم الناس عني الخبر، وخشي محمد عاقبة فعلته.

عمر- إن هذا ليس بعذر يا ابن العاص، فسلطانك جرّأ ابنك على ما فعل!

محمد- عفوك يا أمير المؤمنين.. اعترف بذنبي، وافعل بي ما تشاء..

(يدخل أحد الرجال معلناً عن وصول المصري)

الرجل السلام عليكم يا أمير المؤمنين

عمر- وعليكم السلام ورحمة الله.. اجلس إلى جوار ابن الأكرمين..

(يجلس الرجل)

عمر- يا رجل، لقد عرفنا انك مظلوم حقا. دونك السوط فاضرب ابن الأكرمين.

الرجل- (مترددا) أأضربه بالسوط.. هل آخذ حقي كما أشاء؟

عمر- (بحزم) قلت لك اضربه كما ضربك.. فأنت مثله وإن كان ابن الوالي، اضربه يا رجل.

الرجل(يهوي عليه بعنف) - خذها يا ابن الأكرمين..

انس - لقد أسرف في ضربه يا أمير المؤمنين..

77

عمر - انه يستحق جزاء فعلته، فليضربه كما ضربه.. أعباد الله لعبة في يديه لأنه ابن الوالي؟!

الرجل- (وقد توقف عن ضرب محمد)- شكراً لك يا أمير المؤمنين فلقد اكتفيت.

عمر- والآن أيها الرجل المظلوم، اضرب عمرا فوالله ما ضربك ابنه إلا بفضل سلطانه.

الرجل- عفوا يا أمير المؤمنين، لا آخذ الحق إلا ممن ضربني بغير حق، لقد استوفيت واستغنيت.

عمر- لك ما شئت يا رجل، أما والله لو ضربته ما حلنا بينك وبينه حتى تكون أنت الذي تدع.. فمن يظلم لا يستحق منا إلا العقاب، أو يظن ابن عمرو أن عباد الله عبيد له ولأبيه، حتى تكاد تيأس من العدل في الأرض؟

عمرو- يا أمير المؤمنين، نقرّ بذنوبنا، ونعترف بما اقترفنا، وسأعمل على إشاعة العدل والمساواة ما استطعت.

عمر- أيا عمرو، متى استعبدتم الناس وقد ولدتهم أمهاتهم أحرارا..

عمرو- فليسامحني الله، وسأتعهد ولدي بالنصيحة والموعظة الحسنة حتى تصلح حاله ويلين قلبه للناس جميعا.

عمر- (إلى الرجل) انصرف راشدا أيها الرجل، فإن نالك ما يسوء فاكتب لي دون إبطاء.

عمرو- لن يناله سوء بإذن الله يا أمير المؤمنين، سيكون موضع مودتي وبري ورعايتي.

الأساليب والوسائل والأنشطة:

الهدف الأول: أن يستنتج الطالب الفكرة الرئيسة في المسرحية.

تدريب:

- بعد قراءة المسرحية ومناقشتها، يطلب المعلم من كل مجموعة و ضع دائرة حـول رمـز الإجابة الصحيحة:

1- الفكرة الرئيسة في المسرحية:

أ - الظلم والقسوة.   ب- العدل والمساواة

ج-الشجاعة والقوة.   د- الخوف والتردد.

2-العبارة الدالة على الفكرة الرئيسة:

أ-لقد أدارت أوهام الرئاسة رأس ابن عمرو بن العاص.

ب-متى استعبدتم الناس وقد ولدتهم أمهاتهم أحرارا.

ج- عفوك يا أمير المؤمنين...أعترف بذنبي...

د-اسمعني قصتك يا عبد الله.

الهدف الثاني: أن يستنتج الطالب الفكرة الرئيسة في كل مشهد.

تدريب:

يوزع المعلم على المجموعات صحيفة عمل، ويطلب وضع دائرة حـول رمـز الإجابة الأكثـر صحة:

1- **الفكرة الرئيسة في المشهد الأول:**

أ-النظر في شؤون الرعية.

ب-شكوى الرجل المظلوم إلى الخليفة.

ج- خوف الرجل من الخليفة.

د- غضب الخليفة وارتفاع صوته.

2- الفكرة الرئيسة في المشهد الثاني:

أ-حضور الأشخاص المشتكي عليهم.

ب-حضور الرجل المشتكي.

ج- القصاص من الظالم.

د-الخوف من الوالي.

الهدف الثالث: أن يحدد الطالب أهم الشخوص الرئيسة في المسرحية.

تدريب:

من خلال المسرحية، يطلب المعلم من كل مجموعة، تعبئة الفراغات الآتية:

1- أبرز شخصية، هو ....

2-الوالي، هو ....

3-ابن الوالي، هو ....

4-الرجل المشتكي من دولة عربية، تسمى.....................

الهدف الرابع: أن يستخدم الطالب علامات الترقيم استخداما صحيحا.

تدريب (1):

يوزع المعلم على المجموعات صحيفة عمل عليها الفقرة الآتية، ويطلب و ضع إحدى علامات الترقيم في الفراغ المناسب:

(،/ .،/:/ ؟ / ! / - /:/ - / /)

كتب الإمام علي بن أبي طالب....كرّم الله وجهه.... يوصي ابنه الحسن....

واعلم يابني أن الرزق رزقان.....رزق تطلبه.....ورزق يطلبك فإن أنت لم تأبه أتاك.... ما أقبح الخضوع عند الحاجة والجفاء عند الغنى....إن لك من دنياك ما أصلحت به مثواك.... وأي سبب أوثق من سبب بينك وبين

الله إن أنت أخذت به....

تدريب (2):

اكتب أسماء علامات الترقيم الآتية:

1- (=) -2 (" ") -3 (...) -4 (؟)

الهدف الخامس: أن يلخص الطالب المسرحية بأسلوبه الشخصي.

تدريب (1):

يُعرض المعلم ملخصا للمشهد الأول من خلال جهاز العرض، ويتم مناقشته والإجابة عـن الأسئلة التي تليه:

دخل رجل من مصر على الخليفة عمر رضي الله عنه وهو في بيـت الخلافة وكـان خائفـا، وقال أنا مظلوم وطلب عمر إحضار عمرو بن العاص وولده. ظلمني محمد بن عمرو، ولا أظن أن الوالي يعرف مظلمتي ولم أتظلم وقد أخذ فرسي ظلماً.

- هل تضمن الملخص الفكرة الرئيسة الواردة في المشهد الأول؟

- هل جاء الملخص متسلسلاً تسلسلاً منطقيا؟

- هل راعى الملخص علامات الترقيم اللازمة؟

- ما رأيك في هذا الملخص؟

- أعد ترتيب الملخص، مراعيا علامات الترقيم، وأدوات الربط اللازمة.

تدريب (2):

يطلب المعلم من كل مجموعة أن تلخص المسرحية، في ضوء معرفتهم لمعايير التلخيص الجيد

التدريب المساند(واجب بيتي): ينفذ بشكل فردي

يكلف المعلم كل طالب بتلخيص مسرحية، بحيث لا يتجاوز حجم الملخص ربع حجمها الأصلي.

- يصحح المعلم كتابات الطلبة.
- يقدم المعلم التغذية الراجعة في ضوء أعمال الطلبة.
- يختار المعلم الأعمال المتميزة، ويضعها على لوحة الحائط.
- يكلف بعض الطلبة قراءة ملخصا تهم في الإذاعة المدرسية.

التقويم:

- يتابع المعلم أعمال الطلبة أثناء تنفيذ التدريبات.
- يقدم المعلم الإرشادات اللازمة.
- ملاحظة مدى اهتمام الطلبة وجديتهم.

النموذج الرابع: تلخيص نص

الأهداف الخاصة:

يتوقع من الطالب في نهاية الوحدة أن:

1 - يحدد فقرات النص.

2 - يستنتج الفكرة الرئيسة في الفقرة.

3- يستخدم أدوات الربط المناسبة.

4 - يلخص النص بلغته الخاصة.

الخبز

هو الطعام الذي لا تكاد تذكره في ساعة من ساعات النهار أومن ساعات الليل، إلا وتتخيل فيها الألوف المؤلفة من الأفران الموقدة المختلفة الأحجام والأشكال، تقوم بخبزه في شتى بقاع الأرض. والمواد التي يصنع منها الخبز شتى، وكذلك أشكال الرغيف الذي به يتشكل، وهي المواد وأشكال تكاد تختلف من أمة لأمة، ومن قطر لقطر، وقد تختلف في القطر الواحد. على أن أهم ما يصنع منه الرغيف، هو القمح، وإلى جانبه الرغيف الذي يصنع من الذرة، وفي الصين واليابان يصنع الكثير من الخبز من دقيق الأرز، وفي الهند يصنع الخبز من دقيق حبة الدخن، وفي ألمانيا والنرويج وفي روسيا يتخذ الخبز من الجاودار يضاف إليه الشعير أحيانا، وذلك لأنه أيسر إنباتا قي تلك البلاد الشمالية الباردة. وفي المكسيك يصنع الناس الخبز من الذرة، وكذلك أكثر أهل أمريكا الجنوبية، سوى البرازيل فهي تصنعه من جذور نبات يسمى كسّافا.

والخبز كسائر الأشياء القديمة التي نشأت مع الإنسان، مدفونة أخباره في أطواء التاريخ لا يجتليها المجتلي إلا ظنّا، وإلا فيما يجده من آثار خلفتها تلك الأزمان القديمة على الأرض. ومن هذه الآثار، ما تركه قدماء المصريين في مقابرهم من رسوم دلّت عل أن أولئك القدماء عرفوا زرع القمح وحصده وطحنه وخلط طحينه لصناعة الخبز. ومن المعروف أن أولئك القدماء من المصريين، اكتشفوا بالتجربة أن العجين إذا ترك وحده تخمر، وخرج من هذا التخمر غازات زاد منها حجم العجين عند الخبز، ونتج من هذا العجين رغيف أخف مما تعودوه دون تخمير. وكانت هذه الحقيقة أهم ما حدث في تاريخ الرغيف، ولو أن استجلاء حقيقة هذه الظاهرة تفصيلا لم يحدث إلا في القرون الحاضرة الحديثة، قرون العلم الحديث؛ فقد كان للأمم القديمة مثل روما وأثينا

وغيرهما، خبزهم وأفرانهم، ولكن بقيت صناعة الخبز صناعة بيتيه إلى عهود قريبة. وفي الريف كان الزرع والطحن والعجن والخبز أعمالاً يقوم بها الرجال المحليون والنساء، ثم خرجت صناعة الرغيف آخر الأمر من البيوت إلى المصانع كما خرجت بفعل الصناعة الحديثة سائر الحاجات.

بيد أن هناك شيئين أخذا بيد الصناعة إلى الأمام:

أولهما: تقدم صناعة الطحن بدقه في مدقات من حجر أشبه بالها ون، وهو كتلة من حجر مجوف، يهبط على القمح بداخلها مدق من حجر صلد، ثم استبدلت بالمدق الرحى. والرحى: حجران مستديران يدار أعلاهما على أسفلهما باليد، وفي أوسط الأعلى فرجة مستديرة يصب فيها القمح فيجري بين القرصين فيندش، وكبرت هذه الأرحية حتى كانت تدار بالحيوانات كالثيران أو بقوة اندفاع الماء من مجاريه الطبيعية أو بمراوح الهواء ترتفع عالية نحو السماء، وشققوا سطوحها التي تمس القمح حتى تكون لها أطراف حادةٌ تمزق الحب، وشاعت هذه في القرون الوسطى في أوروبا شيوعاً كبيراً. ودخلت صنعة الطحين في الدور الأحدث بدخول الاسطوانات الطاحنة أليها، فهي وحدها التي استطاعت أن تستخرج من القمح من النوع الجامد الدقيق الأبيض وصنوعه من الفولاذ تدور الواحدة منها أفقية لصق أختها، وعمدوا إلى سطوحها فخددوها الأخاديد ذات الحروف الحادة لتهشم الحبة من القمح تهشيما، ولكنها تبقى مع ذلك على جرثومتها، وهي التي منها ينبت النبات، إذا وضع في الأرض وكذلك تبقى على قشرتها، (وهي النخالة) وبهذا يسهل فصلها بعد ذلك من الدقيق الأبيض.

ونلخص العملية بأن نقول: إن حبة القمح تتألف عادةً من قشرة ذهبية، فهذه النخالة، وهي تغطي قلب الحبة. وبقلب الحبة في طرف منها الجرثومة أو الجنين، وهو الجزء الذي يمثل فيه نبات المستقبل، فإذا وضعت الحبة في الأرض

وارتوت، بدأ الجنين يتحركُ، طرفٌ منهُ يعلو ليكون الساق، وطرفٌ ينخفض ويكونُ الجذورَ. وطحن يهدف إلى التخلص من القشرة والجرثومة معاً- كما ذكرنا- ولكن بهذا يضيع من الخبز الكثير مما في الحب من حديد ومن فيتامينات. بقي من تركيب الحبة، تلك البقية التي قُصد بها أن تكون غذاء النبات عندما ينبت وقبل أن يستطيع كسب غذائه بنفسه، وهي تلك البقية العظيمة النفع التي نهدف إليها عند الطحين، ونستخرجها ونسميها الدقيق الأبيض، فهذه تتألف من شيئين:

النشأ: وهو كسائر النشأ الذي في الأرز والبطاطا، ومنه يستمد كل آكل الطاقة التي بها يعمل.

البروتين: وهو أكثر من نوع إذا وضع في الماء تحول إلى مادة مطاطة تعرف باسم الجلو تين، وهي المادة اللزجة التي تجعل العجينة تلصق في يد الإنسان، إذ لو كانت العجينة نشا فقط لغسلها من فوق اليد الماء بسهولة، وهي من حيث أنها بروتين تفي عندما يأكل الآكل الخبز ببعض حاجة الجسم من البر وتينات، ولكن عملها في التخمير هو هدفنا الآن من الحديث. إن الخميرة تؤثر تأثيراً كيماوياً في بعض النشا فتحلله- فيما يخرج - غاز هو ثاني أكسيد الكربون، فهذه المادة اللزجة تحبسه.

وكلما زاد التخمر زادت العجينة حجما بسبب هذا الغاز؛ فالرغيف العجين إذا دخل الفرن بعد ذلك زاد بالحرارة حجم غاز الكربون الذي به فانتفش، ثم هرب الغاز، والنتيجة رغيف منقوش سهل عند المضغ وليس بكثيف.

ويستنتج من هذا أمران:

أن الرغيف يثقل إذا لم يختمر، ولكي يختمر الرغيف ويحتبس به الغاز الناتج، لا بد أن يحتوي دقيقه على الجلوتين. وقد أصبحت صناعة الخبز من الصناعات

الخطيرة في البلاد المتقدمة التي لم تعد تعرف الرغيف يصنع في البيت، ولكن صارت تعرفه شيئا يشترى في الأسواق من دكاكينه كل يوم.

عندما تختمر العجينة تحمل حملاً مكنياً إلى القسامات، وهي تقسم العجينة إلى أقسام لها وزن معلوم فينتج الرغيف المطلوب. ومن القسّامات تذهب الأرغفة رغيفا بعد رغيف إلى المكوّرات(وهي دوارات تدور ذاتيا ويدور فيها الرغيف العجين المنثور بالدقيق دورة حلزونية ينتهي عند رأسها بالسقوط في مجرى إلى أسفل). وقبل أن يذهب الرغيف إلى الصفيحة المعدنية التي يرقد فيها ويدخل بها إلى الفرن، يمرّ بين أسطوانتين، تفرّطح عجنته فيكون كالفطيرة، ثم يذهب إلى مكنة تطويه بالشكل الذي يراد أن يكونه بعد الخبز.

وقبل الدخول إلى الفرن تترك الأرغفة في صفحاتها المعدنية في خزائن ذات حرارة ورطوبة معلومة لتزيد اختمارا ولتزيد ارتفاعا. ثم هي تدخل آليا إلى الفرن صفوفا على صينيات متحركة تدخل في الفرن من طرف، لتخرج منه من الطرف الآخر. وفي هذه الرحلة يتم نضج الرغيف، وهو ويُحمل بعد ذلك آلياً على حزام متحرك إلى حيث يبترد ثم هو يلف بالورق، تلفه الآلة فلا تمسه الأيدي. وتلك الطريقة الجديدة هي التي يسمونها بالمتواصلة، وهي التي توضع فيها مكونات الرغيف في طرف من جهاز المصنع، لتظهر آخر الأمر في الطرف الآخر من جهاز المصنع أرغفة جاهزة معبأة في الورق، ويأخذ العامل يراقب العملية وهي تنتقل من طور من الصناعة إلى طور حتى يأتي الطّور الأخير؛ فلم يعد يتدخل الإنسان في شيء مما يجري، إلاّ أن يحدث خلل ميكانيكي، وبذلك اختصروا الزّمن، واختصروا الجهد.

الأساليب والوسائل والأنشطة:

الهدف الأول: أن يحدد الطالب فقرات النص.

الفقرة: مجموعة من الجمل المترابطة التي تتضمن فكرة من الأفكار أو معنى من المعاني.

تدريب:

يكلف المعلم كل مجموعة بقراءة الفقرات الآتية، والإجابة عن الأسئلة التي تليها:

الخبز هو الطعام الذي لا تكاد تذكره في ساعة من ساعات النهار أومن ساعات الليل، إلا وتتخيل فيها الألوف المؤلفة من الأفران الموقدة المختلفة الأحجام والأشكال، تقوم بخبزه في شتى بقاع الأرض.

- تتحدث الفقرة السابقة عن:

1-.............................

2-.............................

- الفقرة الثانية من النص السابق من " والمواد التي يصنع منه الخبز شتى......إلى سوى البرازيل فهي تصنعه من جذور نبات يسمى كسّافا".

- تتحدث الفقرة عن:

1-.............................

2-.............................

- الفقرة الثالثة من النص السابق، تبدأ بالكلمة .... وتنتهي بالكلمة..........

- الفقرة الأخيرة في النص تبدأ بالكلمة........ وتنتهي بالكلمة..........

- عدد فقرات النص السابق- الخبز -................. فقرات.

الهدف الثاني: أن يستنتج الطالب الفكرة الرئيسة في الفقرة.

تدريب:

يطلب المعلم من كل مجموعة، قراءة الفقرة، ومن ثمّ وضع دائرة حول رمز الإجابة الصحيحة:

وكلما زاد التخمر زادت العجينة حجما بسبب هذا الغاز؛ فالرغيف العجين إذا دخل الفرن بعد ذلك زاد بالحرارة حجم غاز الكربون الذي به فانتفش، ثم هرب الغاز، والنتيجة رغيف منقوش سهل عند المضغ وليس بكثيف.

ويستنتج من هذا أمران:

أن الرغيف يثقل إذا لم يختمر، ولكي يختمر الرغيف ويحتبس به الغاز الناتج، لا بد أن يحتوي دقيقه على الجلو تين.

1. الفكرة الرئيسة في الفقرة:

أ- سهولة المضغ. ب- غاز الكربون.

ج- أهمية التخمر. د- أثر الجلو تين.

2 - الكلمات الرئيسة الدالة على الفكرة:

أ-التخمر، والعجين. ب- الغاز، والجلو تين.

ج-الفرن، والمضغ. د- الغاز، والمضغ.

الهدف الثالث:أن يستخدم الطالب أدوات الربط بشكل صحيح.

تدريب (1):

يوزع المعلم على المجموعات صحيفة العمل، ويطلب ملء الفراغات الواردة في الفقرة من بين أدوات الربط الآتية: (لأنهم، وقد، و،أنه، ففي، بل).

" كان للعرب فضل عظيم على الحضارة،..... كانوا في القرون الوسطى قوامين على علوم القدماء، لم يكتفوا بمدارسة تلك العلوم والاحتفاظ بها،.....

بثها في العالم الإسلامي،.... أضافوا إليها إضافة جليلة،.... أثبت مؤرخو العلوم الحديثة من الغربيين،.... لولا العرب لضاع اكثر العلوم القديمة،....الزمن الذي سطعت فيه حضارة العرب في الأندلس، كانت أوروبا غارقة في خضم الهمجية".

تدريب (2):

يطلب المعلم من كل مجموعة إعادة ترتيب الجمل والأفكار الآتية، لتكون قطعة نثرية مستخدمة أدوات الربط الآتية:(وهو، و، وذلك، وهي، ولكن)

1. .... يتوقع أن يصل عددهم في نهاية هذا القرن إلى سبعة آلاف مليون نسمة
2. ... .ما يدعى الانفجار السكاني
3. ... .يمكن تخفيف نسبة هذه الزيادة
4. يتزايد سكان الكرة الأرضية بشكل متسارع
5. .... عن طريق عملية تنظيم النسل
6. ....اتباع الأسرة تنظيما للحمل والإنجاب يباعد بين الحمل والآخر

الهدف الرابع: أن يلخص الطالب النص بلغته الخاصة.

تدريب(1):

يعرض المعلم ملخصا للفقرات الثلاث الأولى من النص السابق- الخبز- من" هو الطعام.....إلى سائر الحاجات" من خلال جهاز العرض، على النحو الآتي:

تكمن أهمية الخبز في كونه طعاما رئيسا للإنسان، والدليل على ذلك كثرة الأفران المنتشرة في كل مكان.

وللرغيف أشكال متعددة، ويصنع من مواد مختلفة يأتي في مقدمتها القمح، ثم الذرة والأرز والدخُن والجا ودار والشعير والكسافا.

ومن الصعب تحديد تاريخ صناعة الخبز، وإن وجد في قبور المصريين القدماء رسوم تبيّن تطور هذه الصناعة، وما يتصل بها من زراعة القمح، وطحنه، وعجنه، وخبزه. وقد اكتشف قدماء المصريين بالتجربة، أن العجين إذا ترك تخمر، وعند الخبز يخف وزنه. وكان للرومان واليونان خبزهم وأفرانهم. وبقيت صناعة الرغيف صناعة بيتيه إلى أن تكفلت الأفران في وقتنا الحاضر بهذه المهمّة.

يطلب المعلم من كل مجموعة الإجابة عن الأسئلة الآتية:

- ما مدى شمولية الملخص للأفكار الرئيسة الواردة في النص الأصلي؟
- هل جاء الملخص متسلسلا بشكل منطقي؟
- هل جاء الملخص مترابطا؟
- هل جاءت علامات الترقيم في أماكنها المناسبة؟
- يشتق الطلبة بعض خصائص كتابة الملخص الجيد من خلال الإجابات.

تدريب (2):

يطلب المعلم من كل مجموعة، ربط الأفكار الرئيسة التي تضمنها النص – الخبز - بلغتهم الخاصة لتكوّن ملخصا كتابيا، لا يتجاوز تسعة أسطر.

التدريب المساند(واجب بيتي): ينفذ بشكل فردي.

- يطلب المعلم من كل طالب أن يلخص بلغته الخاصة موضوعا من أحد الكتب المقررة للصف العاشر الأساسي، مراعيا أسس التلخيص الجيد.
- يصحح المعلم كتابات الطلبة.
- يقدم التغذية الراجعة للطلبة.
- يكلف بعض الطلبة بقراءة ملخصا تهم في الإذاعة المدرسية الصباحية.
- توضع بعض الأعمال المتميزة على لوحة الحائط.
- ترشيح أحد الطلبة للمشاركة في مسابقة إعداد الملخص.

التقويم:

- متابعة أعمال الطلبة أثناء التنفيذ.
- تقديم الإرشادات اللازمة.
- ملاحظة مدى اهتمام الطلبة وجديتهم.
- تصحيح أعمال الطلبة وتقديم التغذية الراجعة.

النموذج الخامس: تلخيص سيرة غيرية

الأهداف الخاصة:

يتوقع من الطالب في نهاية الوحدة أن يكون قادراً على:

1- استنتاج الهدف العام للنص.
2- تحديد فقرات النص.
3 - استخراج الأفكار الرئيسة.
4- صياغة بعض الفقرات بلغته الخاصة.
5- التلخيص بلغته الخاصة.

من سيرة الرافعي

وفي السنة التي نال فيها الرافعي الشهادة الابتدائية- وهي كـل مـا نـال مـن الشهادات الدراسية – أصابه مرض مشف أثبته في الفراش أشهرا، وأحسبه كان التيفوئيد، فما نجا منه إلا وقد ترك في أعصابه أثراً كان حُبسَةً في صوته، ووقراً في أذنيه من بعد.

وأحس الرافعي آثار هذا الداء بوقر أذنيه، فأهمه ذلك هـمـاً كبيراً، ومضى ـ يـلـتمس العـلاج لنفسه في كل مستشفى، وعند كلِّ طبيب، ولكن العلة كانت في أعصابه، فـمـا أجـدى عليـه العـلاج شيئاً. وأخذت الأصوات تتضاءل في مسمعيه عاماً بعد عام كأنها صـادرة مـن مكـان بعيـد، أو كـأن متحدثاً يتحدث وهو منطلق

91

يعدو... حتى فقدت إحدى أذنيه السمع، ثم تبعتها الأخرى، فما أتم الثلاثين حتى صار أصمّ لا يسمع شيئاً مما حواليه، وانقطع عن دنيا الناس.

وامتد الداء إلى صدره، فعقد عقدةً في حبال الصوت كادت تذهب بقدرته على الكلام، ولكن القدر أشفق عليه أن يفقد السمع والكلام في وقت واحد معاً فوقف الداء عند ذلك، ولكن ظلّت في حلقه حُبسَة تجعل في صوته رنيناً أشبه بصراخ الطفل، فيه عذوبة الضحكة المحبوسة استحيت أن تكون قهقهة.

وكانت بوادر هذه العلة التي أصابت أذنيه هي السبب الذي قطعه عن التعليم في المدارس بعد الشهادة الابتدائية، وكان هو فيها المعلم والتلميذ.

وحظّ الرافعي من الشهادات العلمية مثل حظّ أبيه، فإن الشيخ عبد الرزاق على علمه وفضله ومكانته، وعلى أنه كان رئيساً للمحكمة الشرعية في كثير من الأقاليم، لم تكن معه شهادة(العالمية) حتى جاء إلى طنطا. ولأمر ما نشب خلاف علمي بينه وبين بعض علماء طنطا، حفزه، وهو شيخ كبير، إلى طلب الشهادة، فتقدم إلى امتحانها ونالها، لغير غرض يسعى إليه إلا أن يستكمل براهنيه في جدال بعض العلماء.

وكانت لوالد الرافعي مكتبة حافلة تجمع أشتاتاً من نوادر كتب الفقه والدين والعربية، فأكب عليها إكباب النّهم على الطعام الذي يشتهيه، فما مضى قليل حتى استوعبها وأحاط بكل ما فيها وراح يطلب المزيد. وكان له من علته سبب يباعد بينه وبين الناس، فما يجد لذةً ولا راحة في مجالسة أحد.. وكان ضجيج الحياة بعيداً عن أذنيه.... وكان يحس في نفسه نقصاً من ناحية يجهد جهده ليداريه بمحاولة الكمال.. وكان يعجزه أن يسمع، فراح يلتمس أسباب القدرة على أن يتحدث... وكان مشتاقاً إلى السمع ليعرف ماذا في دنيا الناس، فمضى يلتمس المعرفة في قراءة أخبار الناس... وفاتته لذة السامع حين يسمع فذهب ينشد أسباب

العلم والمعرفة ليجد لذة المتحدث... وقال لنفسه: إذا كان الناس يعجزهم أن يسمعوني فليسمعوا منيّ.

وبذلك اجتمعت للرافعي كل أسباب المعرفة والاطلاع، وكانت علته خيراً عليه وبركةً، وعرف العلم سبيله من نافذة واحدة من نوافذ العقل إلى رأس هذا الفتى الجميل الضاوي الجسد، الذي هيأته القدرة بأسبابها، والعجز بوسائله، ليكون أديب العربية في غد.

وكانت مكتبة الرافعي في هذه الحقبة من تاريخه هي دنياه التي يعيش فيها؛ ناسها ناسه، وجوها جوه، وأهلها صحابته وخلانه، وعلماؤها رواته، وأدباؤها سمّاره، فأخذ عنهم العلم والمعرفة كما كان يأخذ المتقدمون من علماء هذه الأمة من العلماء والرواة فماً لفم، فنشأ بذلك نشأة السلْف، يرى رأيهم، ويفكّر معهم، ويتحدث بلغتهم، وتستخفه أفراحهم، وتتراءى له أحلامهم ومناهم.

هذه ثقافة الرافعي، وتلك وسائله إلى المعرفة، وقد ظل على هذا الرأي في القراءة والاطلاع إلى آخر يوم من عمره، يقرأ كل يوم ثماني ساعات متواصلة، لا يملّ ولا ينشد الراحة لجسده وأعصابه، كأنه من التعليم في أوّله، لا يرى أنه وصل منه إلى غاية.

الأساليب والوسائل والأنشطة:

الهدف الأول: أن يستنتج الطالب الهدف العام من النص.

تدريب:

يوزع المعلم على الطلبة صحيفة عمل، ويطلب وضع دائرة حول الإجابة الصحيحة:

1- **الهدف العام للنص:**

أ- معرفة مستوى تعليم الرافعي.		ب- أثر مكتبة الرافعي في ثقافته.

ج- تصميم الرافعي وقوة إرادته. د- عدم جدوى علاج الرافعي.

2- جاء الهدف العام للنص:

أ- غير مصرح به. ب- في الفقرتين الثالثة والرابعة.

ج- في الفقرة الثالثة. د- في الفقرة الثانية.

3- العبارة الأكثر دلالة على الهدف العام:

أ- أخذت الأصوات تتضاءل في مسمعيه.

ب-إذا كان الناس يعجزهم أن يسمعوني فليسمعوا منيّ.

ج- ومضى يلتمس العلاج لنفسه في كل مستشفى.

د- هي السبب الذي قطعه عن المدارس.

الهدف الثاني: أن يحدد الطالب فقرات النص.

تدريب:

ضع دائرة حول رمز الإجابة الصحيحة:

1- اشتمل النص السابق على:

أ- خمس فقرات. ب- سبع فقرات.

ج- عشر فقرات. د- تسع فقرات.

2-الكلمة التي بدأت بها الفقرة الخامسة:

أ- هذه ب- وحظّ

ج- وأحسّ د- وامتدّ

3- الفقرة التي تضمنت سبب انقطاع الرافعي عن التعليم المدرسي:

أ – الثانية. ب- الثالثة.

ج- الرابعة. د- الأولى.

الهدف الثالث: أن يستخرج الطالب الأفكار الرئيسة في النص.

تدريب:

1- من خلال الفقرة من " وفي السنة التي نـال فيهـا الرافعـي..................... إلى فيـه عذوبـة الضحكة المحبوسة استحيت أن تكون قهقهة.

- ضع دائرة حول رمز الإجابة، التي تمثل الفكرة الرئيسة:

أ.   اعتماد الرافعي على نفسه في التعلم.

ب.   علم والد الرافعي وسعة ثقافته.

ج.   دور مكتبة الرافعي في حياته.

د-   مرض الرافعي.

- من خلال النص السابق – سيرة الرافعي:

أ-الفقرة التي تعبّر عن اعتماد الرافعي على حاسة البصر في تعلمه، هي........................

2- أبرز ثلاث أفكار رئيسة، هي:

الهدف الرابع: أن يصوغ الطالب بلغته الخاصة ملخصا لبعض فقرات النص.

تدريب (1):

يعرض المعلـم الفقرتيـن الأولى والأخيـرة أمـام الطلبـة وبعـد مناقشـتهما، يطلـب مـن كـل مجموعة صياغة:

- الفقرة الأولى بجملتين مفيدتين.

- الفقرة الأخيرة بجملة مفيدة.

الهدف الخامس: أن يلخص الطالب النص السابق بلغته الخاصة.

تدريب (1):

يعرض المعلم الفقرة الآتية وبعد مناقشتها، يطلب من كل مجموعة تلخيصها بما لا يزيد عن ثلاثة أسطر.

من" وكانت لوالد الرافعي مكتبة..............................إلى إذا كان الناس يعجزهم أن يسمعوني فليسمعوا منيّ ".

تدريب(2):

اربط أفكار النص السابق- سيرة الرافعي - بلغتك الخاصة، لتكوّن ملخصاً كتابياً لا يتجاوز سبعة أسطر.

التدريب المساند(واجب بيتي): ينفذ بشكل فردي

اكتب ملخصا لأحد الأعلام البارزين في تاريخنا العربي والإسلامي مراعياً الأسس العامة للتلخيص الجيد.

- يصحح المعلم كتابات الطلبة.
- يزود الطلبة بالتغذية الراجعة.
- يكلف أصحاب الأعمال المتميزة بقراءة ملخصاتهم في الإذاعة المدرسية.
- وضع بعض الملخصات على لوحة الحائط في المدرسة.

التقويم:

- متابعة أعمال المجموعات.
- تقديم الملحوظات والإرشادات اللازمة.
- الإجابة عن الأسئلة.

الفصل الرابع
المجال الثاني كتابة التقرير

- مفهومه
- المهارات اللازمة لكتابته
- ميزاته
- أشكاله
- أنواعه من حيث الموضوع
- خطوات إعداد تقرير البحث
- أجزاء تقرير البحث
- مراحل كتابة التقرير بشكل عام
- تعليم كتابة التقرير

الجانب التطبيقي لكتابة التقرير

تُعد التقارير أحد مجالات الكتابة الوظيفية، التي تقتضيها متطلبات المواقف الحياتية اليومية داخل المدرسة وخارجها، وهي من أبرز أنواع الاتصال الكتابي شيوعا، وتشكل الأداة المعيارية للإدارة الحديثة، وقد يكون من المستحيل على الإدارة المعاصرة العمل بكفاءة وفاعلية بدونها، إضافة إلى أنها تُعد أحد المؤشرات الدالة على نجاح المؤسسة، لأنها من أهم وسائل الاتصال داخل الإدارات، وهي التي يتعرّف المسؤولون من خلالها على سير مؤسساتهم وتمام انتظامها.

ونظراً للأهمية التي يحظى بها كتابة التقارير في مواجهة معطيات الحياة العملية والبحثية، أصبح الاهتمام بتحديد مهاراتها، وكيفية تمكين المتعلمين من إتقانها، مجالاً من مجالات البحوث والدراسات العلمية.

مفهوم التقرير:

هناك تباين في النظر إلى ماهية التقرير، فهناك من عرّفه على أنه"عرض لفظي يكون مكتوباً غالباً، وشفهياً أحياناً لظروف أو أحداث تسود المؤسسة، أو عرض لنتائج بحث، أو دراسة مشكلة محددة والمقترحات التي تؤدي إلى حل هذه المشكلة". في حين عرّفه آخرون على أنه" وصف لعمل أو حدث أو مشاهدات بأسلوب منظم".

المهارات اللازمة لكتابة التقرير:

وأما أهم المهارات الأساسية اللازمة لكتابة التقرير فتتمثل في:

- القدرة على تحديد الهدف والغاية منه.
- الدقة في وصف المعلومات بشكل واضح مع مطابقتها للواقع.
- القدرة على تنظيم بنية التقرير.

- الإيجاز والسهولة والوضوح في التعبير.
- سرد المعلومات والحقائق والابتعاد عن الخيال.
- القدرة على التوصل إلى قناعات معينة واستخلاص النتائج.

ميزات التقرير:

- الدقة في العبارة.
- الوضوح في الأفكار وتنظيمها وترتيبها وحسن عرضها.
- البعُد عن العاطفة والخيال.
- وصف المعلومات وصفاً دقيقاً.
- الاهتمام بمطابقة المعلومات للواقع.
- الإيجاز والسهولة والوضوح في التعبير.
- والابتعاد عن الألفاظ الغريبة.
- العناية بالتجربة والتحقيق والتوثيق.
- إيراد الأرقام والتقسيمات في ثنايا التقرير.
- استخدام العبارات العلمية الدقيقة.

شكل التقرير:

ومما تجدر الإشارة إليه عدم وجود شكل ثابت للتقرير؛ لهذا نجد أن شكله يتحدد تبعاً لموضوعه، وعناصره التي يتكون منها، ويرتبط طوله في ضوء الغرض الذي كتب من أجله، ولكن رغم ذلك إلا أنها تلتقي حول شكل شبه موحّد، يتألف من:

- الهدف الذي يسعى إلى بيانه.
- المعلومات التي يشتمل عليها.
- الخلاصة التي ينتهي إليها.

أنواع التقرير من حيث الموضوع فهي:

- الإخباري: ويحتوي على تصوير كامل لمجريات الأمور متضمناً الإيجابيات والسلبيات ويخلو من أي حل أو اقتراح للمشكلة.

- السنوي: وفيه تجمل التقارير الشهرية بشكل تقرير عام، يوضح إنجازات أو موازنة العام المنتهي وما تتأمل المؤسسة إنجازه في العام الجديد.

- التحليلي: وهو بيان تحليلي للظواهر الموجودة في المؤسسة كظاهرة الغياب مثلاً، وفيه تعرض وجهات النظر من أجل تحليلها.

- المالي: وفيه إحصاء لحركة الإدارة المالية وما يتعلق بها.

- الإشرافي: وفيه يعرض ما تم إنجازه في الدائرة للتأكد من حسن سير العمل في المؤسسة، ولتلافي الأخطاء والعثرات.

- الإداري: وفيه تجمع الأنشطة والإنجازات والصعوبات التي اعترضت العمل، ومحاولة إيجاد الحلول الممكنة لإزالة العقبات.

- الإحصائي: وفيه توضح حركة المبيعات والأنشطة الأخرى على هيئة رسم بياني أو جداول.

- التفسيري: ويرفع إلى الإدارة العليا من قبل مديري بعض الدوائر، ويشتمل على بيانات وحقائق تفسر البيانات غير الكمية في ضوء الأدلة العلمية.

- تقرير البحث الأدبي، يُعد تدريب الطلبة على كتابة تقرير البحث أحد الأهداف الرئيسة لخطة التطوير التربوي في الأردن؛ لهذا نجد أن التدريب عليه وإتقانه يعد نقلة نوعية في المناهج الأردنية، حيث أصبحت جزءاً من تقويم أداء الطالب الدراسي، ولم تعد عملاً ثانوياً بل أصبحت متطلباً أساسياً، لأنها تشكل إحدى وسائل التعلم الذاتي، في ظل انفجار

المعرفة وتنوّع مصادرها، في وقت أصبحت فيه المدرسة عاجزة عن تعليم كل ما هـو جديد ونافع.

ويقصد بتقرير البحث وصف الجهود التي بذلها الباحث والخطوات التي سلكها والنتائج التي توصل إليها بعد استكمال دراسته الأولية.

خطوات إعداد تقرير البحث:

- الشعور بالمشكلة وتحديد أبعادها.
- استخدام مناهج البحث في دراستها.
- جمع البيانات وتمحيص المشكلة.
- تفسير البيانات وتحليل النتائج.
- تنسيق التقرير وتنظيمه.
- استخدام لغة سهلة ومفهومة عند الصياغة.
- طباعة التقرير إن أمكن.

أجزاء تقرير البحث:

- الجزء التمهيدي: ويشار فيه إلى المشكلة وكيفية دراستها ومعالجتها، ومن ثـم النتائج التي حصل عليها الباحث وغرض الدراسة.
- الجزء الرئيسي: ويشتمل عـلى الأدلـة والحيثيـات التـي أوصـلت الباحـث إلى القبـول والاقتناع، إضافة إلى البيانات الحقيقية التي اعتمدها.
- الجزء الختامي: وفيه يعرض الباحث ملخصاً مكثفاً لدراسته.

مراحل كتابة التقرير بشكل عام:

تُعد معرفتها من أبرز الأمور التي على المعلم مراعاتها عند البدء بالتدريب، وهي:

- تحديد هدف التقرير والغاية منه.

- البحث في المعلومات ودراستها وتنظيمها.

- ومن ثم القيام بجمعها، وبعد ذلك فرزها.

- تنظيم بنية التقرير.

- الكتابة بأسلوب واضح، وذلك من خلال استخدام الكلمات، والجمل، والفقرات القصيرة والفاعلة، والابتعاد عن المصطلحات المعقدة والكلمات الغامضة.

- القبول والاقتناع.

تعليم كتابة التقرير:

ولتحقيق الأهداف المرجوة من تعليم كتابة التقرير بشكل سليم، لابد من تحقيق بعض الشروط التي أجمع عليها كثير من الباحثين والمتخصصين، والمتمثلة في:

- أن يكون قضاءً لحاجة حقيقية يشعر الطلبة بأهميتها.

- أن يتم بصورة متدرجة ومنتظمة.

- ضرورة تدريبهم على التمييز بين المعلومات الأساسية والثانوية.

- أن يكون التدريب في ضوء إتقانهم للمهارات اللازمة للكتابة، كالدقة والوضوح والتنظيم، وكيفية صياغة الأفكار.

- ضرورة تزويدهم بالثروة اللغوية اللازمة للكتابة.

الجانب التطبيقي:

المهارات الفرعية لكتابة التقرير:

1- وضوح الهدف.

2- وصف المعلومات وصفا دقيقا ومطابقتها للواقع.

3- الإيجاز والوضوح في التعبير.

4- سرد المعلومات والحقائق والابتعاد عن الخيال.

5- التوصل إلى نتائج وقناعات.

المؤشرات السلوكية الدالة على الأداء:

1- إبراز الهدف العام للتقرير.

2 - دقة وصف المعلومات ومطابقتها للواقع.

3 - تنظيم الأفكار وتسلسلها بشكل منطقي.

4 - وصف المعلومات بإيجاز ووضوح.

5- كتابة النتائج والقناعات.

6- مراعاة الشكل، من حيث:

- استخدام علامات الترقيم.

- مراعاة النواحي الإملائية والنحوية.

الأهداف الخاصة:

يتوقع من الطالب في نهاية الوحدة أن:

1- يتعرّف معنى التقرير.

2- يتعرّف بعض الفوائد العملية للتقرير.

3- يحدد الهدف العام للتقرير.

4- يتعرّف المحاور الأساسية التي تضمنها التقرير.

5- يتعرّف الخصائص العامة لكتابة التقرير.

6- يكتب تقريرا في ضوء الأسس العامة لكتابة التقرير.

النموذج الأول: تقرير عن مؤسسة التدريب المهني لسنة 1989.

أنشئت مؤسسة التدريب المهني لتكون أحد مشاريع خطة التنمية الاقتصادية والاجتماعية الأردنية، وخلال سنوات قليلة استطاعت هذه المؤسسة أن تقطع شوطاً كبيراً في تعميم خدمات التدريب المهني، وفي تنظيم العمل المهني، إذ باشرت، منذ سنة 1987 - إلى جانب برامجها الثابتة - تنفيذ برامج تدريبية مكثفة للباحثين عن العمل مجانا، وذلك بإعادة تأهيلهم لإكسابهم المهارات التي يتطلبها العمل في مهن مختلفة تم اختيارها في ضوء توافر فرص العمل، كمهن الإنشاءات والفندقة والمبيعات والخياطة الصناعية.. وقد تراوحت فترت التدريب في كل منها بين شهرين وستة اشهر.. وقد قطعت المؤسسة شوطا كبيرا في هذا المجال خلال عام 1989، وذلك بالتوسع في هذه البرامج، واستجدت تخصصات جديدة كأعمال المخابز والرعاية الصحية والاجتماعية للأطفال والمسنين.

بلغ عدد الملتحقين بمختلف برامج التدريب المهني حتى عام 1989 عشرة آلاف وسبعمئة وثمانية وتسعين متدربا،منهم 6519 متدربا يلتحقون بهذه البرامج أول مرة على النحو التالي:

أ- تدريب التلمذة المهنية:

بلغ عدد الملتحقين بهذا البرنامج 1990 طالبا وطالبة، في واحد وعشرين تخصصا كالمهن الكهربائية والميكانيكية والإنشاءات والنجارة (والديكور).. وتبلغ فترة التدريب في هذه البرامج سنتين للإناث وثلاث سنوات للذكور، منها سنتان تدريبيتان، وسنة ثالثة لاكتساب الخبرة، يصل بعدها المتدرب إلى مستوى العامل الماهر.

ب- التدريب المتوسط:

بدأت المؤسسة عام 1985 للطلاب الذين انهوا الصف الأول الإعدادي سابقا (السابع حاليا) كحد أدنى، وتبلغ فترة التدريب في هذه البرامج سنة واحدة،

وقد بلغ عدد المقبولين في برامج التدريب المتوسط (553) متدرباً في خمسة عشر ـ تخصصا خلال عام1989م.

ج- التدريب القصير:

بدأت المؤسسة عام 1980 ببرامج التدريب القصير لمستوى العامل المحدود المهارات، بما في ذلك إعادة التدريب للعمال الذين يرغبون في تغيير مهنهم.. وتبلغ فترة التدريب الفعلي في معظم هذه البرامج(150-160) ساعة تدريب فعلية، وقد بلغ عدد المقبولين في برامج التدريب القصير هذه(2576) متدرباً في واحد وثلاثين تخصصا خلال عام 1989.

د- تدريب رفع الكفاءة:

1- تدريب العمال: قامت المؤسسة خلال عام 1989 بعقد اثنتين وثلاثين دورة جديدة في مراكز التدريب المهني التابعة لها لرفع كفاءة العمال الممارسين، وقد التحق بدورات رفع الكفاءة هذه(330) متدربا في ثلاثة عشر تخصصا، وبلغت فترة التدريب الفعلي في معظم هذه الدورات(150-160) ساعة تدريب فعلية.

2- تدريب المدربين والمشرفين: قامت المؤسسة خلال عام 1989 بعقد أربع وأربعين دورة لتدريب المدربين والمشرفين الصناعيين في مراكز التدريب المهني ومواقع العمل ومعهد تدريب المدربين والمشرفين.. وقد التحق بهذه الدورات(653) متدربا، وبلغت فترة التدريب الفعلي في معظمها ثلاثين ساعة.

3- التدريب في مجال السلامة والصحة المهنية: تم عقد ثماني عشرة دورة في معهد السلامة والصحة المهنية ومواقع العمل خلال عام 1989، وقد

التحق بهذه الدورات(417) متدربا، وبلغت فترة التدريب الفعلي في معظمها ثلاثين ساعة.
بلغ عدد مراكز التدريب المهني في أنحاء المملكة ستة عشر مركزا، وللمؤسسة علاقات تعاون مع وزارات ومؤسسات داخل الأردن، ومع حكومات ومنظمات عربية وأجنبية.

النموذج الثاني: تقرير عن حادث سير

في الساعة العاشرة من صباح يوم الاثنين 1992/1/7 وبينما كانت السيارة الخصوصي رقم....... يقودها السيد.......... حامل رخصة سوق أردنية رقم..... تسير في شارع عبد الحميد شرف باتجاه الشميساني، اصطدمت بصبي كان يقطع الشارع في تلك اللحظة. وعلى الفور، قام سائق السيارة بنقل المصاب إلى المستشفى حيث تم الكشف عليه وتلقى العلاج. وقد أفاد تقرير الطبيب أن الصبي مصاب برضوض خفيفة، وحالته لا تستدعي البقاء في المستشفى.

ومن الكشف الميداني تبين أن سبب الحادث يعود إلى قيام السائق بتغيير المسرب، ومخالفة أولويات المرور، وعدم انتباهه للمارة، إذ لم يوجد أي أثر للضوابط على الأرض، كما أن الصبي لم يراع إشارات المرور، ولم يتقيد بقطع الشارع من الأماكن المخصصة لعبور المشاة.

حرر1992/1/7

منظم التقرير:........

الرتبة:........

الرقم العسكري:.......

الأساليب والوسائل والأنشطة:

الهدف الأول: أن يتعرّف الطالب معنى التقرير.

تدريب:

يوزع المعلم على المجموعات صحيفة عمل عليها ثلاثة تعريفات للتقرير:

الأول: هو" عملية منظمة تسعى للكشف عن مسألة وتهدف إلى جمع ما تفرّق عنها هنا وهناك في صفحات منظمة مبوبة".

الثاني: هو "عرض للحقائق الخاصة بموضوع معين عرضا تحليليا بطريقة متسلسلة بسيطة مع بيان الاقتراحات التي تتفق والنتائج التي تمّ التوصل إليها بالبحث والتحليل".

الثالث: هو" وصف لعمل، أو حدث، أو مشاهدات، أو مشروعات بأسلوب منظم، يتناول الزمان، والمكان، والأشخاص، والموضوع، والتعليق.

- صغ تعريفا للتقرير بلغتك الخاصة من خلال التعريفات السابقة.

الهدف الثاني: أن يتعرّف الطالب بعض فوائد التقرير.

تدريب:

يعرض المعلم من خلال جهاز العرض الفقرة الآتية:

لعل من أهم وسائل الاتصال داخل المؤسسات، ومن أهم عوامل الإدارة بفاعلية: التقارير، لأن الإدارة ترتكز على الحقائق والمعلومات الموجودة في التقارير حين ترسم سياساتها، واتخاذ قراراتها. وعبر التقارير تتعرّف الإدارة مستويات الأداء ومشكلات المنظمة، ووجهات نظر العاملين فيها، ونستطيع بالتالي أن نجد حلولا بعد دراسة وجهات النظر ودراسة ما ورد في التقارير من حقائق موضوعية، وهو من أهم وسائل دعم العمل داخل المؤسسات.

من خلال الفقرة السابقة، أجب عن الآتية:

- اكتب أربع فوائد للتقارير.
- هل هناك فوائد أخرى للتقارير في الحياة اليومية؟

الهدف الثالث: أن يحدد الطالب الهدف العام للتقرير.

تدريب:

- الموضوع الذي يتحدث عنه التقرير الأول، هو ....
- الهدف العام من التقريرالاول،هو ....
- ورد الهدف العام للتقريرالاول، في الفقرة............................
- الموضوع الذي يتحدث عنه التقرير الثاني، هو ....
- الهدف العام للتقرير الثاني، هو ....

الهدف الرابع: أن يحدد الطالب المحاور الرئيسة للتقرير.

تدريب (1):

أ-اشتمل التقرير الأول على أربعة أنواع لبرامج التدريب المهني:

1-............................

2-............................

3-............................

4............................

ب-اشتمل برنامج تدريب رفع الكفاءة في التقرير الأول على ثلاثة أنواع من التدريب، هي:

1-............................

2-............................

3-............................

تدريب(2):

ضع دائرة حول رمز الإجابة الصحيحة:

- المحور الأول في التقرير، هو:

أ- وقوع حادثة سير.   ب- مكان حادث السير.

ج- جنسية السائق.   د- نوع السيارة.

- المحور الثاني في التقرير، هو:

أ- كتابة رقم السيارة.   ب- نقل السائق للمصاب إلى المستشفى.

ج- حجز السائق.   د- معرفة سائق السيارة.

- المحور الثالث في التقرير، هو:

أ- وصف حالة المصاب.   ب- حضور ولي أمر المصاب.

ج- ندم السائق.   د- خوف المصاب من العقوبة.

الهدف الخامس: أن يتعرّف الطالب الأسس العامة لكتابة التقرير.

تدريب:

- هل جاء هدف التقرير واضحا؟

- هل جاءت الوقائع مرتبة ترتيبا منطقيا؟

- هل توصل التقرير إلى نتائج أو حلول أو مقترحات؟

- هل هناك رأي لكاتب التقرير؟

- هل اتسم التقرير بالإيجاز والوضوح؟

- هل اهتم التقرير بسرد المعلومات والحقائق؟

- من خلال الإجابات تشتق خصائص التقرير العامة.

الهدف السادس: أن يكتب الطالب تقريرا بلغته الخاصة، في ضوء الأسس العامة لكتابة التقرير.

تدريب:

أعد كتابة أحد التقريرين السابقين بلغتك الخاصة.

- يقرأ بعض الطلبة كتاباتهم.
- مناقشة جماعية لأعمال الطلبة.
- كتابة أبرز الإيجابيات والسلبيات على السبورة.

التدريب المساند(واجب بيتي):

يكلف المعلم كل طالب بكتابة تقرير عن رحلة مدرسية، أو زيارة لمؤسسة أو دائرة حكومية، مراعيا الأسس العامة لكتابة التقرير.

- يصحح المعلم كتابات الطلبة.
- تقديم التغذية الراجعة.
- يكلف بعض أصحاب الكتابات المتميزة بقراءتها من خلال الإذاعة المدرسية.

النموذج الثالث:

الأهداف الخاصة:

يتوقع من الطالب في نهاية الوحدة أن يكون قادرا على أن:

1- يستنتج الهدف العام للتقرير.

2- يحدد المحاور الرئيسة في التقرير.

3- يحدد خاتمة التقرير.

4- يتعرف خصائص كتابة التقرير.

5- يكتب تقريرا.

مصادر المياه في الأردن

يهدف هذا التقرير إلى بيان الدور الذي تقوم به وزارة المياه والري في سبيل تأمين مصادر للمياه في الأردن؛ وهي تولي هذا الأمر أهمية خاصة، تمليها عليها طبيعة هذه المصادر المتمثلة بمحدوديتها وتذبذب كمياتها، وبعد مواقعها عن أماكن

استهلاكها الرئيسية؛ ولذا فإن هذه الوزارة بأجهزتها المختلفة- ومنها سلطة المياه- تضطلع بمهمات مسح المصادر وتقييمها والتنقيب عنها وتطويرها واستغلالها ومراقبتها والحفاظ عليها، كماً ونوعاً.

تحرص سلطة المياه دائماً على تحديث شبكة الرصد المائي لقياس مكونات الدورة المائية ومتغيراتها: كالأمطار والتبخر والمياه السطحية والجوفية، وجمع المعلومات عنها ليصار إلى تحليلها وتوثيقها وإجراء الدراسات المتكاملة عنها.

تشكل المياه الجوفية في الأردن المصدر الرئيسي الموثوق به نسبياً، لتلبية المتطلبات المائية: البلدية والصناعية والزراعية؛ ومن هذا المنطلق فإن سلطة المياه تواصل أعمال التحري والتنقيب عن هذه المياه في مختلف أرجاء المملكة وتطويرها. ومن منجزاتها في هذا المجال لعام 1990 ما يلي:

- صيانة إحدى وأربعين بئراً وتوسيعها.
- حفر أربع وعشرين بئراً جديدة موزعة على أنحاء المملكة.
- إجراء تجارب ضخ على ست وسبعين بئراً لتحديد الطاقة الإنتاجية لها.
- إصدار رخص الحفر، ومراقبة أعمال الحفر للقطاعين: العام والخاص، فقد أصدرت مئة وثمانين رخصة لحفر آبار جديدة، وجددت ست عشرة رخصة قديمة، ومنحت ثلاثين رخصة لحفر آبار جديدة تحل محل آبار قديمة، وتسع عشرة رخصة لتعميق آبار أخرى، وسبعاً وأربعين رخصة لتنظيف الآبار، وقد بلغ مجموع الرخص التي منحتها السلطة في هذا العام مئتين واثنتين وتسعين رخصة.
- وصف العينات الصخرية المستخرجة، ولإشراف على تجارب ضخ الآبار، وتحليل نتائجها لمعرفة خواص الطبقات المائية، إلى جانب رصد

المياه الجوفية لمراقبة التغير في مناسيبها، وحساب كميات الاستخراج من الأحواض المائية، وإجراء الدراسات عليها.

أما في مجال الدراسات، فقد تابعت السلطة إجراء الدراسات لمصادر المياه في المملكة، ومن أبرزها:

أولاً: مشروع التحري عن مصادر المياه الجوفية في شمال المملكة:

يهدف هذا المشروع الذي يشمل أحواض: الأزرق، اليرموك، عمان، الزرقاء، إلى ما يلي:

1. تثبيت حدود طبقات المياه الجوفية في الأحواض المائية الثلاثة وعلاقتها بالأحواض المجاورة.

2. حساب كميات التغذية السنوية والتصريف الطبيعي من هذه الطبقات المائية وتقييمهما.

3. بيان تأثير ضخ كميات متفاوتة من المياه الجوفية في مستقبل الطبقات المائية والآبار.

4. تحديد كميات الضخ الأمن المتاح لاستغلال مختلف الطبقات المائية.

5. دراسة افضل السبل والبدائل لاستغلال الأحواض المائية وتوزيع مياهها على قطاعات الاستعمال المختلفة.

6. تحديد مصادر التلوث، وبيان تأثيرها في مستقبل استعمالات المياه لمختلف الأغراض، واقتراح افضل السبل الممكنة للحيلولة دون تلويث خزانات المياه الجوفية.

7. تدريب العناصر الفنية في سلطة المياه على استخدام التقنيات الحديثة في مجال استكشاف مصادر المياه وتقييمها وإدارتها.

بوشر بتنفيذ المشروع في منتصف عام 1983 بتكلفة إجمالية مقدارها خمسة ملايين وثلاثمائة ألف دينار.

ثانيا: مشروع مسح مصادر المياه الجوفية في جنوب المملكة وتقييمها:

يهدف هذا المشروع إلى تحسين مستوى المعرفة عن مصادر المياه الجوفية في جنوب المملكة التي تشمل أحواض: الحسا، والجفر، والموجب، وأحواض الصحراء الجنوبية (الديسة والمدورة)، وجنوبي وادي السرحان.

بوشر بتنفيذ المشروع في شهر نيسان عام 1987م بتكلفة مقدارها ستمائة وخمسون ألف دينار، وقد تم إنجاز المشروع كاملا في نهاية عام 1990م.

ثالثا: مشروع دراسة مصادر المياه في حوض الجفر:

يهدف هذا المشروع إلى دراسة المياه السطحية والمياه الجوفية في الطبقات الوسطى لحوض الجفر، ودراسة نوعية المياه واسباب ملوحتها.

وقد بوشر بتنفيذ المشروع في شهر تموز عام 1988م بتكلفة مقدارها مليون دينار. وأنجز المشروع كاملا في الربع الأول من عام 1990م.

رابعا: مشروع دراسة السدود الصحراوية:

يهدف هذا المشروع إلى دراسة الجدوى الفنية لإنشاء السدود الصحراوية في أحواض الجفر وأعالي الموجب والأزرق وإعداد التصاميم النهائية ووثائق العطاء لثلاثة سدود منتخبة.

وقد بوشر بتنفيذ هذا المشروع في شهر آب عام 1988م بتكلفة مقدارها مائتان وعشرة آلاف دينار، وتم إنجاز المشروع كاملا في نهاية عام 1990م.

خامسا: مشروع الدراسات المتعلقة بسياسات مصادر المياه وتخطيطها وادارتها:

يهدف هذا المشروع إلى وضع الأسس الفنية السليمة لتخطيط مصادر المياه في المملكة وادارتها، وذلك لتامين المتطلبات المائية لمختلف القطاعات.

بوشر بتنفيذ هذا المشروع في شهر آب عام 1989 بتكلفة إجمالية مقدارها ثلاثمائة واربعون ألف دينار.

سادسا: مشروع التحري عن المياه الجوفية في حوض الأزرق:

يهدف هذا المشروع إلى دراسة طبقات المياه الجوفية العميقة وذلك من خلال القيام بحفر آبار استكشافية دراسية عميقة لدراسة الطبقات العميقة، والاستعانة بالحاسوب لوضع دراسة مفصلة عن الطبقات العميقة في حوض الأزرق من خلال المعلومات المتوافرة عن حفر الآبار العميقة الموجودة فعلا وآبار البترول.

وقد بوشر العمل في هذا المشروع في شهر تشرين الثاني عام 1990م، بتكلفة مقدارها مليونا دينار أردني، ويتوقع أن ينتهي العمل من هذا المشروع في شهر أيار عام 1993.

سابعا: بناء السدود والحفائر في المناطق الصحراوية.

تقوم العناصر الفنية المتخصصة في سلطة المياه، بأعمال الإنشاء والترميم والصيانة لبعض السدود، إضافة إلى إنشاء الحفائر في المناطق الصحراوية، وعمل البرك، وتبطين أقنية الري في المحافظات، وتطوير الينابيع، حيث تمّ تطوير نحو سبعة عشر ينبوعا في مناطق متعددة من المملكة.

أما في مجال الصحة المائية فإن مراقبة نوعية المياه تعد من الأمور الحيوية التي تستدعيها ضرورة تزويد المواطنين بالمياه النقية، وحماية مصادر المياه من أسباب التلوث. ولذا تقوم السلطة، من خلال برنامج مراقبة دورية منتظمة بجمع العينات

وتحليلها من مختلف مصادر المياه، وتتبع متغيراتها الفيزيائية والكيميائية والبيولوجية، بهدف تقرير صلاحها للاستعمال، وتقييم الكفاءة المتعلقة بتشغيل محطات تنقية المياه الصالحة للشرب، والمياه العادمة، ومعالجة أي خلل أو تباين عن المواصفات القياسية المعتمدة.

يتبين من هذا التقرير أن مصادر المياه في الأردن محدودة، وأن وزارة المياه والري بأجهزتها المختلفة تبذل قصارى جهدها لتأمين المياه للمواطنين، وأننا جميعا مدعوون إلى المحافظة على مخزوننا المائي، وألا نصرف منه إلا بقدر حاجتنا، وقد قال الله سبحانه وتعالى:

" أنزلنا من السماء ماء بقدر فأسكناه في الأرض وإنا على ذهاب به لقادرون"

وقد روي أن الرسول صلى الله عليه وسلم مرّ بأحد الصحابة، وهو يتوضأ، فقال: " ما هذا السرف؟" فقال: " أفي الوضوء إسراف؟ قال: " نعم، وإن كنت على نهر جار".

الأساليب والوسائل والأنشطة:

الهدف الأول: أن يستنتج الطالب الهدف العام للتقرير.

تدريب:

ضع دائرة حول رمز الإجابة الصحيحة:

1 -الهدف العام للتقرير:

أ- قلة مصادر المياه في العالم.

ب- كثرة مصادر المياه في الأردن.

ج- دور وزارة المياه والري في تأمين المياه في الأردن.

د - تحديث شبكات المياه في الأردن.

2- ورد الهدف العام للتقرير:

أ- في الفقرة الأخيرة.   ب- في الفقرة الثانية.

ج - في الفقرة الأولى.   د- في الفقرة الثالثة.

الهدف الثاني: أن يحدد الطالب المحاور الرئيسة التي اشتمل عليها التقرير.

تدريب:

ضع دائرة حول رمز الإجابة الصحيحة:

1- عدد المحاور الرئيسة التي اشتمل عليها التقرير:

أ- ثلاثة.   ب- أربعة.   ج- خمسة.   د- سبعة.

2- الفكرة الرئيسة في المحور الأول،هي:

أ- أهمية المياه للإنسان.   ب- منجزات وزارة المياه في مجال توفير المياه.

ج-حساب كميات المياه في الأردن.   د- الحفاظ على المياه الجوفية.

3-الفكرة الرئيسة في المحور الثالث،هي..

الهدف الثالث: أن يحدد الطالب خاتمة التقرير.

تدريب (1):

1 - حدد الفقرة التي تمثل خلاصة التقرير.

2 -اكتب بلغتك الخاصة خاتمة للتقرير.

- **تدريب (2):**

وقد روي أن الرسول صلى الله عليه وسلم مرّ بأحد الصحابة، وهـو يتوضأ، فقال: مـا هـذا السّرف؟ " فقال: " أفي الوضوء إسراف؟ قال: " نعم، وإن كنت على نهر جار".

- اكتب بلغتك الخاصة خاتمة للتقرير السابق من خلال هذا الحديث.

الهدف الرابع: أن يتعرّف الطالب خصائص أسلوب كتابة التقرير.

تدريب:

يعرض المعلم خصائص أسلوب كتابة التقرير الجيد من خلال جهاز العرض، ويتم تطبيقها عمليا على التقرير السابق:

- الاهتمام بسرد المعلومات والحقائق.
- الابتعاد عن الخيال.
- إيراد الأرقام والتقسيمات في ثنايا الموضوع.
- استخدام العبارات العلمية الدقيقة.
- وصف المعلومات وصفا دقيقا.
- مطابقة المعلومات للواقع.
- الإيجاز والسهولة والوضوح.
- الابتعاد عن الألفاظ الغريبة.

الهدف الخامس: أن يكتب الطالب تقريرا.

تدريب (1):

من خلال دراستك للتقارير السابقة، أجب عن الآتية:

- هل هناك شكلا محددا للتقرير؟
- يعتمد طول التقرير، على:......................
- يشتمل التقرير في الغالب على:
1-................2-................3-................

تدريب(2):

- اكتب تقريرا عن يوم نشاط مدرسي شاركت فيه، مراعيا الأسس العامة لكتابة التقرير.

التدريب المساند (واجب بيتي) ينفذ بشكل فردي:

يكلف المعلم كل طالب بقراءة أحد التقارير الشهرية التي يقدمها أمين المكتبة، أو قيم المختبر لإدارة المدرسة، ويكتب رأيه في مدى تحقيقه لأسس التقرير الجيد.

في الحصة القادمة:

- يقرأ بعض الطلبة تقاريرهم.
- مناقشة جماعية لأعمال الطلبة.
- كتابة أهم الإيجابيات والسلبيات على السبورة.
- تكليف بعض الطلبة بقراءة تقاريرهم في الإذاعة المدرسية.
- وضع الأعمال المتميزة على لوحة الحائط.

التقويم:

- متابعة أعمال المجموعات أثناء التنفيذ.
- تقديم الملحوظات والإرشادات اللازمة.
- ملاحظة مدى اهتمام الطلبة.

الفصل الخامس
مجال كتابة المقالة الصحفية

- مفهومها
- مكوناتها
- ميزاتها الرئيسة
- كيفية كتابتها
- المهارات الأساسية اللازمة لكتابتها
- الجانب التطبيقي لكتابتها

إذا كان من صلب وظائف الكتابة، الإخبار والإمتاع والتأثير والإقناع، فإن المقالة الصحفية الجيدة تؤدي وظيفتها على أحسن وجه، وهي أحد المجالات الكتابية الوظيفية الهامة.

وأما نشأتها الفعلية في الوطن العربي فكانت مقترنة بظهور الصحافة، وتأثرت بها موضوعاً وشكلاً، وكان منها المقالة السياسية، والاجتماعية، والأدبية، والنقدية، والذاتية، والاقتصادية.

مفهوم المقالة الصحفية:

تباينت وجهات النظر في مجال تحديد مفهوم المقالة الصحفية، فنجد من نظر إليها على أنها "عرض أو مناقشة فكرة، أو مجموعة أفكار مترابطة، وكتابتها على شكل مجموعة من الفقرات، يتناولها الكاتب بالتحليل مبينا أسبابها ودوافعها، ثم النتائج المترتبة عليها". في حين هناك من يرى" أنها قطعة نثرية قصيرة أو متوسطة، موحدة الفكرة، تعالج بعض القضايا الخاصة أو العامة، معالجة سريعة تستوفي انطباعاً ذاتياً أو رأياً خاصاً.

مكونات المقالة الصحفية:

تتكون المقالة الصحفية عادة من ثلاثة أجزاء رئيسة هي:

1- المقدمة.

2- العرض.

2- الخاتمة.

ميزاتها:

تتمثل ميزاتها الرئيسة في:

- السرعة فكاتبها لديه القليل من الوقت، وقارئها لديه القليل من الزمن لقراءتها.

- أنها تهتم بمعالجة قضايا الساعة.

- الواقع الذي يثيرها متحرك وعابر.

- الإيجاز أو الاختصار.

- الأسلوب المميز.

- المعالجة غير المتكاملة.

- اللهجة الشخصية والذاتية.

- عدم التزام بنائها بتصميم معين.

- الدخول المباشر في الموضوع.

- سهولة لغتها والبُعد عن الخيال والدلالات العاطفية.

- ترتيب أفكارها بتسلسل ومنطقية في إطار موضوع واحد، مع الاستناد إلى الأدلة، والأمثلة عند عرضها.

كيفية تعليم كتابة المقالة:

ولتدريب الطلبة على كيفية كتابة المقالة الصحفية بشكل فاعل لابد من:

- ضرورة تعريفهم بمكونات المقالة.

- عرض نماذج في مجالات مختلفة.

- تكليفهم بالكتابة في موضوعات متنوعة.

- جمع الأخطاء الشائعة ومعالجتها مع الطلبة.

- مرور الطلبة بالمراحل العملية أثناء تدريبهم على كتابة المقالة، وتتمثل في:

- مرحلة الاختيار وفيها يتم تحديد الهدف والفكرة وأسلوب التنفيذ.

- مرحلة المراجعة وتتضمن النواحي الإملائية والنحوية والأسلوب والتنظيم.
- مرحلة النشر وتشتمل على عمل صورة للمقالة، وعرضها على المعلـم والـزملاء، لإبـداء ملاحظاتهم.

المهارات اللازمة لكتابة المقالة الصحفية:

ولكتابة المقالة الصحفية مهارات أساسية يجب أن يمتلكها الكاتب وتتمثل في:

- القدرة على تحديد الهدف العام ووضوحه.
- اختيار العنوان المناسب.
- تحديد الأفكار الرئيسة وعرضها بتسلسل وشمولية، وتوضيحها للهدف العام منه.
- اختيار الأفكار الرئيسة المنسجمة مع الهدف العام للموضوع، وتنظيم الأفكار الرئيسـة في فقرات.
- ترابط الجمل في الفقرة الواحدة، بحيث تدعم بعضها بعضا، والاستشهاد بالأدلة عنـد الحاجة.
- تقسيم الموضوع إلى مقدمة وعرض وخاتمة.
- اختيار العنوان المناسب.
- الدقة اللغوية والإملائية.
- مراعاة علامات الترقيم.

التطبيق العملي على المجال الثالث: كتابة المقالة الصحفية
الأهداف الخاصة:

يتوقع من الطالب في نهاية الوحدة أن يكون قادرا على أن:

1- يحدد المقدمة والعرض والخاتمة في المقالة.

2- يختار عنوانا مناسبا للمقالة.

3- يتعرّف الأسس العامة لكتابة المقالة الصحفية.

4- يستخدم علامات الترقيم المناسبة.

5- يكتب مقالة صحفية جيدة.

المهارات الفرعية لكتابة المقالة الصحفية:

1- تقسيم الموضوع إلى مقدمة وعرض وخاتمة.

2- ملاءمة الأفكار الرئيسة للهدف العام للموضوع

3- تنظيم الأفكار الرئيسة في فقرات.

4- عرض الافكار عرضاً متسلسلاً.

5- استخدام أدوات الربط المناسبة.

6- اختيار عنوان يناسب الموضوع.

7- دقة استخدام علامات الترقيم.

المؤشرات السلوكية الدالة على الأداء:

1- وضع العنوان المناسب للمقالة.

2- وضوح الهدف العام للمقالة.

3- عرض الأفكار الرئيسة من خلال مقدمة وعرض وخاتمة.

4 - إيراد الأفكار الثانوية،الداعمة للفكرة الرئيسة.

5- كتابة فقرات واضحة البداية والنهاية.

6- ربط الجمل في الفقرة الواحدة بحيث تكون داعمة لبعضها البعض.

7- توظيف علامات الترقيم والهوامش.

عزّ الدين القسّام يصعد إلى يَعبَد

ها أنت تنهض في سواعدهم راية لا تنكسر لها سارية، و فرحا بالتحدي الجديد لا ينضب، وصوتا يتردد في ارض فلسطين كلها، يصعد من جامع الاستقلال في حيفا: " الله أكبر" ويعلن في الناس نداءك يوم انطلقت وصحبك إلى أحراش يعبد، وأنتم تعلنون أن السيف رهان الأمة الأخير، وتجعلون نداء حربنا العادلة ضد الصهاينة صوتا لا يعلو عليه صوت، ولا تتردد في إعادة صداه حنجرة، ولا صخرة، ولا رصاصة.

هذه فلسطين يا مولاي الشيخ، تدخل زمن الثورة، ويخرج أبناؤها من تجربة النار والدم اكثر إصرارا على العودة إلى الجذور، والى صفاء الينابيع التي رويتم من عطائها الثر تجربتكم الفذة في الإعداد للمواجهة، وفي لحظة المواجهة ذاتها مع الأعداء المستعمرين والمستوطنين، ويقوم الآن زمن من الوجد والكبرياء بين تلك اللحظة، ولحظات تاريخية كانت في ميسلون والقسطل والكرامة وتشرين، وها هي تمتد إلى المواجهات التاريخية العظيمة في غزة، ونابس، وحلحول، ورام الله، وقباطية، ويمتد خيط الدم الزكي من فؤاد حجازي، ومحمد جمجوم، وعطا الزير، إلى سواعد الفتية الذين يقولون للاحتلال:لا، والذين تطلع من سواعدهم رايات جديدة كلما هشم النازيون منها ساعدا، ورسموا في الإعلام العالمي صورة جيشهم الوحشية، وكشفوا عن لا أخلاقية وجودهم، وعنصريته، ودعائمه الآيلة للسقوط.

لقد امتد خداع الاستعمار القديم والجديد في أرضنا من بلفور وسايكس - بيكو إلى كامب ديفيد، وظل اهلك ينسجون الراية تلو الراية، وكم غدا الجرح دربنا الذي نسير فيه إلى حريتنا ووحدتنا! وكم صار الحزن غضبا عربيا عاصفا في الجزائر والبصرة ! وكم كتبنا، يا مولاي عن شهداء امتنا،وعن ينابيع الصبر

والصمود في قلوب أمهاتنا، منذ زمن الخنساء إلى السيدة التي تمد أبناء قرى فلسطين الآن بـالخبز والحجارة وتنادي بأعلى الصوت أن "لا بقاء للغاضبين".

تصعد أنت إلى أحراش يعبد قبل ثـلاث وخمسـين سـنة، وهـاهم اليـوم يصـعدون، ويظل نداؤك حيـاً في جوانحهم وهم يصـدون هجمـة الصـهيونية، ويقـاتلون حتـى يطـردوا غربانهـا مـن فلسطين، كـما طرد صـلاح الـدين علـوج الصليبين، وهـاهم، وأعمارهـم في أول الربيـع، يحملـون أرواحهم على راحات من زيتون وغضب، ويتقدمون من الرؤيا، والعالم كله ينحني لهم، ويجتـازون وعر الليل، ويرفعون رايات امتنا في ذرى جبال فلسطين التي لا تستكين.

إنهم خيول طالعة من تاريخ دمنا ورفضنا لكل احتلال وظلـم وهـاهم يطـاردون الأعـداء، ويحصنون القرى والمدن بالسواعد، والمقالع، بل يحصنون الروح العربية ضدّ اختراق الغزو لـلأرض، والثقافة والحياة، ويبدؤون كتابة جديدة بالسيف والكبرياء.

يا شيخ الثورة انهض،

ها قد طلعت شمس كبرى من حزن القدس وغضب النّهر،

وامتدت راياتك بين جبل النار وبين البحر،

وتخضّب بالدم الزيتون، وأشعل جمر الصبر،

فانهض يا قنديل بلاد الشّام،

فهذا زمن الحجر العربيّ

وذي يَعبَد تنسج أحلام الفجر،

.. نجلس بين يديك الآن

ونقرأ في كفيك نشيد الجمر،

ونمدّ البصر إلى الرّايات،

ونسأل: يا مولانا، ما البشرى قبل طلوع الفجر؟
ويجيء الصوت عميقا: إنّ السرّ..
في حلم ممتد بين الحجر وبين السيف
في قلب لا ينكسر أمام أجيج النار، وعند ضجيج النّزف
في كف تلقي في وجه الغاصب حجرا
تتبعها في الساحات أكفّ ألفٌ
في طفل يحمل في عينيه وجه القدس
ويُلغي من دفتره الخوف وكلمة قف..

هذا هو سُرى قومك، موعدهم الفجر عند أسوار القدس، ومنذ أول السّرى وحتى لحظة الوصول نقرأ لروحك الفاتحة، وعليك ألف تحية وسلام.

الأساليب والوسائل والأنشطة:

الهدف الأول: أن يحدد الطالب المقدمة والعرض والخاتمة في المقالة.

تدريب(1):

- بعد قراءة المقالة ومناقشتها، يقوم المعلم بتوضيح المقصود بالمقدمة والعرض والخاتمة.
- يكلف كل مجموعة بتقسيم المقالة إلى مقدمة وعرض وخاتمة.

تدريب (2):

1 - وردت الفقرة التي اشتملت على الفكرة الرئيسة:

أ- في وسط المقالة. ب- في بداية المقالة.

ج- في نهاية المقالة. د- غير مصرح بها.

2 - هناك ثلاث أفكار داعمة للفكرة الرئيسة:

- ....

- ....

- ....

3- جاءت الأفكار الداعمة - الثانوية - في المقالة، في الفقرات الآتية:

أ- الأولى والثانية والرابعة.   ب- الثانية والثالثة والأخيرة.

ج- الثانية والثالثة والرابعة.   د- الأخيرة والرابعة والخامسة.

4- الفكرة التي تعبّر عما يرجوه الكاتب، هي..............

5- الفقرة التي تضمنت ما يرجوه كاتب المقالة، هي............

تدريب (3):

- الفقرة التي تضمنت الفكرة الرئيسة في المقالة، تسمى....

- الفقرات التي تضمنت الأفكار الداعمة، تسمى.......

- الفقرة التي تضمنت خلاصة المقالة، تسمى.........

الهدف الثاني: أن يختار الطالب عنواناً مناسباً للمقالة.

تدريب:

1- أحد العناوين الآتية، هوالعنوان الأكثر مناسبة للمقالة:

أ- ما أخذ بالقوة لا يسترد إلا بالقوة.

ب- بطولة الخنساء.

ج- انتصارات صلاح الدين الأيوبي.

د- عزّ الدين القسام يصعد إلى يعبد.

2- اكتب عنوانا آخر للمقالة.

3- هل تعتقد أن عنوان المقالة الذي اختاره الكاتب كان مناسباً؟

الهدف الثالث: أن يستخدم الطالب علامات الترقيم.

تدريب:

ضع علامات الترقيم المناسبة، في الفراغات الآتية:

فإذا لم تجتهد اليوم في العمل- لتقولن يوم القيامة - ارجعنا نعمل صالحا_ فيقـال لـك- يا هذا- أنت من هناك جئت- .

الهدف الرابع: أن يستنتج الطالب الأسس العامة لكتابة المقالة الصحفية.

تدريب:

من خلال دراستك للمقالة الصحفية السابقة، ضع دائرة حول رمز الإجابة الصحيحة:

1 - عدد الموضوعات التي تحدثت عنها المقالة الصحفية:

أ - ثلاثة.   ب -غير محدد.

ج - واحد.   د - خمسة.

2 - حجم المقالة الصحفية عادة:

أ - طويل.   ب - قصير.

ج - غير محدد.   د- متوسط.

3- تتسم لغة المقالة:

أ - بالصعوبة   ب - بسعة الخيال.

ج - بالسهولة.   د- بجزالة الألفاظ.

4- موضوع المقالة يقسم إلى:

أ - عرض ومقدمة.   ب- عرض وخاتمة.

ج - لا يوجد تقسيم.   د- مقدمة وعرض وخاتمة.

الهدف الخامس: أن يكتب الطالب مقالة صحفية.

تدريب:

يكلف كل مجموعة بكتابة مقالة صحفية تتحدث عن دور الصحافة في تثقيف أبناء الوطن، بما لا يزيد عن عشرة أسطر.

التدريب المساند(واجب بيتي): ينفذ بشكل فردي

يكلف المعلم كل طالب بكتابة مقالة صحفية عن موضوع له مساس بحياته المدرسية.

- يصحح المعلم أعمال الطلبة.

- تقديم التغذية الراجعة.

- توضع المقالات الجيدة على لوحة الحائط في المدرسة.

- يرشح المعلم أصحاب المقالات المتميزة للمشاركة بمسابقة كتابة المقالة.

التقويم:

- متابعة أعمال الطلبة أثناء تنفيذ التدريبات.

- تقديم الإرشادات والتوجيهات اللازمة.

- ملاحظة مدى اهتمام الطلبة وجديتهم.

الفصل السادس
مجال تعبئة النماذج

- أشكالها
- مفهومها
- ميزاتها
- مهاراتها
- كيفية تعليمها
- الجانب التطبيقي لكيفية تعبئة النماذج

مفهوم تعبئة النماذج:

هي نشاط كتابي وظيفي يستخدم في التعامل مع الجهات الخدمية مثل المطارات والمكتبات والدوائر الحكومية والمؤسسات وغيرها بهدف الحصول على بيانات دقيقة من الأفراد بطريقة منظمة وترتيب معين".

و تُعد تعبئة النماذج بطريقة سليمة من الأمور الأساسية التي تتطلبها الحياة المعاصرة، فهي مهارة وظيفية يحتاجها الفرد في تسيير بعض أمور حياته سواء داخل المدرسة أم خارجها؛ لهذا لابد من تدريب الطلبة على إتقان مهاراتها.

وتأتي النماذج على أشكال متنوعة منها:

- طلبات الحصول على دفاتر العائلة.
- جوازات السفر.
- شهادات الولادة.
- المكتبات.
- الامتحانات.
- الالتحاق بالجامعات وغيرها.

وأهم ما يميزها:

أنها تتسم بالرسمية، حيث تُعدها الجهات ذات الاختصاص لتقوم مقام الطلبات بالبيانات والاصطلاحات المطلوبة، وكثيرا ما يترتب على عدم الدقة في تعبئتها، إحداث خلل أو إرباك للجهات المسؤولة، إضافة إلى ضياع فرصة ينتظرها الفرد أو المؤسسة.

المهارات اللازمة:

وتعبئة النماذج كغيرها من مجالات الكتابة الوظيفية لها مهاراتها التي يجب أن يمتلكها الطالب، ومن أهم هذه المهارات:

- التقيّد بتنفيذ التعليمات المرفقة.
- دقة تعبئة المعلومات المطلوبة.
- الكتابة في الأماكن المخصصة.
- وضوح الخط.

تعليم تعبئة النماذج:

لا يتحقق لدى الطلبة إلا من خلال تدريبهم عليها في مواقف طبيعية، ذات معنى، بشكل يمكنهم من القدرة على استخدامها داخل المدرسة وخارجها.

الجانب التطبيقي لكيفية تعبئة النماذج (الاستمارات)

المهارات الفرعية:

1- تنفيذ التعليمات المرفقة.

2- تعبئة المعلومات المطلوبة.

3- الكتابة في الأماكن المخصصة.

4- دقة الكتابة ووضوحها.

المؤشرات السلوكية الدالة على الأداء:

1- تنفيذ التعليمات المرفقة أثناء تعبئة النموذج.

2- دقة تعبئة المعلومات المطلوبة.

3- الالتزام بالأماكن المخصصة للكتابة.

4- وضوح الكتابة وسهولة قراءتها.

الأهداف الخاصة:

يتوقع من الطالب أن يكون قادرا على:

1- معرفة مجالات استخدام النماذج الكتابية المختلفة.

2- أن يتعرّف معنى المصطلحات المستخدمة.

3- التمييز بين النماذج الكتابية المختلفة

4- تنفيذ التعليمات أثناء تعبئة النموذج.

الأساليب والوسائل والأنشطة:

الهدف الأول: أن يتعرّف الطالب مجالات استخدامات بعض النماذج.

تدريب:

- يحضر المعلم نماذج مختلفة تستخدمها الدوائر الحكومية والشركات.

- يقوم الطلبة بتصنيف هذه النماذج حسب الهدف منها.

الهدف الثاني: أن يتعرّف الطالب معنى بعض المصطلحات كثيرة الاستخدام.

تدريب:

من خلال عرض بعض النماذج يتم تحديد معنى المصطلحات، الآتية:

الجنس، الجنسية، الاسم الكامل، الحالة الاجتماعية،الديانة، الاستعمال الرسمي، تاريخ الولادة،المؤهل العلمي، وثيقة الإثبات، مكان الإقامة، الرقم الوطني، العنوان البريدي،البعثات والدورات،الخبرة العملية.

الهدف الثالث: أن يميز الطالب بين بعض النماذج.

تدريب:

يوزع المعلم على كل مجموعة نموذجين مختلفين، وتنفذ المجموعات الآتية:

- تحديد أوجه الشبه بينهما.

- تحديد أوجه الاختلاف بينهما.

الهدف الرابع: أن يتقيد الطالب بالتعليمات أثناء تعبئة النموذج.

تدريب:

يوزع المعلم على جميع الطلبة في المجموعات نموذج طلب توظيـف، مرفقـا الإرشـادات اللازمة لتعبئة النموذج، ويكلفهم القيام بالخطوات الآتية:

- قراءة التعليمات بشكل فردي أولا.
- مناقشة التعليمات بإشراف المعلم وتوجيهاته.
- تعبئة النموذج في ضوء الإرشادات المرفقة بشكل زمري.

التدريب المساند(واجب بيتي):

يكلف كل طالب بتعبئة أحد النماذج الصادرة عن دائرة الأحوال المدنية.

- يصحح المعلم كتابات الطلبة.
- يقدم التغذية الراجعة.

التقويم:

- توجيه الأسئلة.
- متابعة أعمال المجموعات.
--تقديم الإرشادات اللازمة.

الفصل السابع
الإستراتيجيات التدريسية

- استراتيجية التعلم التعاوني
- استراتيجية الحوار والمناقشة

تمّ استخدام استراتيجيتي التعلم التعاوني، والحوار والمناقشة، أثناء تنفيذ البرنامج التدريبي، وفيما يلي عرض لهاتين الاستراتيجيتين:

1- التعلم التعاوني:

تُعد هذه الاستراتيجية أبرز الاستراتيجيات التدريسية التي جاءت بها خطة التطوير التربوي في الأردن، نظراً لأهميتها في تحسين التحصيل والاتجاه لدى الطلبة في مختلف المباحث الدراسية والمراحل التعليمية، وأبرز ما تمتاز به:

- التفاعل الإيجابي الذي تحدثه بين أعضاء المجموعة، من خلال المناقشات التي يقومون بها.

- مساعدتها الطالب على الحرية في التفكير والتعبير عما يدور في نفسه.

- تنميتها لمهارات اجتماعية من خلال العمل الجماعي.

- تحمّل المسؤولية والمحاسبة الذاتية، فكل فرد مسؤول عن تعلمه.

- زيادة التحصيل في مختلف الموضوعات الدراسية، وفي جميع المراحل التعليمية.

- تنمية اتجاهاتهم الإيجابية نحو أنفسهم وزملائهم.

- زيادة دافعية الطلبة للتعلم، وذلك من خلال تحدي تفكيرهم أثناء استخدامهم أسلوب الحوار والمناقشة.

- معالجتها لكثير من المشاكل التعليمية، التي تنتج عن الطرائق التقليدية.

- مراعاتها للفروق الفردية بين الطلبة.

وأما الشروط الواجب توافرها لكي يكون الموقف التعليمي تعلماً تعاونياً، فتتمثل في:

- المشاركة الإيجابية بين الطلبة.

- التفاعل المعزز.

- إحساس الفرد بمسئوليته تجاه أفراد الجماعة التي يعمل معها.

- امتلاك المهارات الاجتماعية؛ لكي يتمكنوا من إقامة مستوى راق من التعـاون والحـوار والمناقشة.

- ضرورة الوعي التام لأهمية المعالجة الجمعية عند مناقشـة أعضـاء المجموعـة مـدى تقدمهم.

ويُعد المعلم العنصر الرئيس في هذه الاستراتيجية، ويـؤدي دورا نشـطا ومهـما في إنجاحهـا؛ لهذا نجد أن هناك بعض المهام الواجب عليه القيام بها:

- تحديد الأهداف المراد تحقيقها مسبقا.

- توزيع الطلبة على المجموعات.

- تنظيم البيئة التعليمية.

- طرح الأسئلة.

- تقديم التغذية الراجعة والتوجيهات الإرشادية والمكافآت اللازمة.

ولتوضيح مفهوم هذه الإستراتيجية لابد مـن عـرض بعـض وجهات النظر التـي تبـدو في ظاهرها متباينة، ولكنها في جوهرها متفقة، منها: أنه أسلوب تعليمي يعتمد عـلى تقسـيم الطلبة إلى مجموعات صغيرة تتراوح أعدادها ما بين (3-6) لتحقيق هـدف تربـوي محـدد ومشـترك يتم تحقيقه من خلال التعاون بين الطلبة والتوصل إلى قرارات بالإجماع، ويمكن اسـتخدامه في كافة التخصصات وجميع الموضوعات وفي كل المراحل الدراسية".

وهناك من يرى أنه استراتيجية تعليمية يعمل الطلبة مـن خلالها عـلى شـكل مجموعـات تعاونية محدودة العدد من (4- 5) في كل مجموعة، من أجـل إتقـان المحتـوى التعليمـي، وتنميـة الاتجاهات الإيجابية نحو المادة التعليمية، في مناخ تعليمي يسوده الود والمحبة.

يتضح مما سبق أنها تتفق على أن التعلم التعاوني استراتيجية تعليمية، تقوم على مبدأ العمل من خلال مجموعات صغيرة، تتبادل المعرفة، لتحقيق هدف أو أهداف مشتركة، تحت إشراف المعلم وتوجيهاته.

2- الحوار والمناقشة:

تحتل هذه الاستراتيجية مكانة واضحة بين مهارات الاتصال، وهي وسيلة للتفكير السليم في كثير من مجالات التعلم، فالأسئلة والإجابات تشتمل على مناقشة، والقراءة فيها مناقشة، وبالمناقشة يتضح الفكر، ويتضح الرأي، وتتبلور الاتجاهات، ويكتسب الطالب المعلومات، ويتعلم كيفية التعامل مع الحقائق والمشكلات، وتُعد من أكثر الاستراتيجيات التعليمية فائدة في مجال التدريس، لما تحدثه من تفاعل فكري، وعاطفي، واجتماعي بين المعلم والطلبة، وبين الطلبة أنفسهم.

وأهم ما يميز هذه الاستراتيجية عن غيرها من استراتيجيات التدريس:

- إثارة دافعية المتعلم.
- مساعدة المتعلم على استيعاب المعرفة وامتلاك مهاراتها.
- وتشجيعها المتعلم على المشاركة.
- حفز المتعلم على توليد الحلول الإبداعية في بيئة تعاونية سليمة.
- تنمية الجانب الاجتماعي في شخصية المتعلم من خلال المشاركة في مناقشات جمعية.
- إثراء النمو الفردي والتعبير عن الذات.
- الاشتراك الفعّال في المناقشات.
- تنمي القدرة على تقبل الآراء ووجهات النظر المتباينة إزاء قضية أو مشكلة ما.

- تعوّد المتعلم على تحليل المشكلات.
- تدرب المتعلم على التفكير والتعبير.
- تنمي لدي المتعلم روح الاستقلال في إصدار الأحكام.
- تمكن المتعلم من تعرّف تفكير الآخرين.
- تساعد المتعلم في الكشف عن اتجاهات وقيم الآخرين، والعمل على تنميتها أو تعديلها.
- تساهم في زيادة فاعلية البيئة الصفية بشكل عام.

زد على ذلك أن هذه الاستراتيجية تناسب مختلف المراحل التعليمية، ولها دور مهم في العملية التربوية؛ لأنها تعمل على بناء علاقات إنسانية فاعلة، وتتيح للمعلم التعرّف على الخلفية العلمية والثقافية السابقة لطلبته، إضافة إلى دورها في مساعدة الطلبة على تجميع الأفكار المتعلقة بالموضوع.

وهناك توصيات كثيرة تؤكد أن المناقشة بين المعلمين والطلبة تؤدي دوراً مهماً في تنمية قدرات الطلبة على الكتابة التعبيرية، بشكل يمكنهم لكي يصبحوا كتاباً فاعلين، وذلك من خلال توفير فرص للمتعلمين للتعبير عن أبنيتهم المعرفية ومخزوناتهم الفكرية.

وقد تباينت النظرة إلى هذه الاستراتيجية، فنجد من نظر إليها على أنها" استراتيجية تعليمية تستخدم أثناء تقديم محتوى معين، بشكل يسهم في دفع المتعلم لفهم ما يدور حوله.

وهناك من يرى أنها مجموع الإجراءات التفصيلية التي يتبعها المعلم في إكساب المتعلمين المعارف، والخبرات، والمهارات، والقيم، والاتجاهات في الموقف الصفي، على أساس من تبادل الرأي بين قطبي عملية التدريس.

الفصل الثامن
الاتجاه نحو الكتابة الوظيفية

- أهمية الاتجاه
- مفهوم الاتجاه
- تنمية الاتجاه

يُعد الاتجاه الإيجابي أحد المتطلبات الأساسية لتنمية أية مهارة؛ لهذا لا بد من العمل على تنميته، هذا إذا علمنا أن تنمية الاتجاه الإيجابي من الأهداف الأساسية للعملية التربوية في مختلف المراحل التعليمية، ولا تقل أهميته عن اكتساب المعرفة العلمية، حتى إن كثيراً من التربويين نظر إليه على أنه الهدف الرئيس للتربية عامة.

ويرى كثير من التربويين بأن اتجاه الطالب نحو المادة الدراسية التي يتعلمها يؤثر على تحصيلة الدراسي فيها، لهذا يمكن توقع مستوى تحصيله من خلال قياس اتجاهه نحوها؛ ونظراً لهذه الأهمية فقد أصبح اهتمام التربويين بتنميتها لدى الطلبة نحو المواد الدراسية أكثر من أي وقت مضى، حتى أنها أصبحت من أهم الأهداف التربوية.

وتُعد الاتجاهات الإيجابية أحد المتغيرات الهامة التي تحدد كفاءة طرائق التدريس التي يستخدمها المعلمون، في ضوء ما يشير إلى وجود علاقة ارتباطيه بين المنحيين العقلي والانفعالي، إضافة إلى أن الممارسات التدريسية في مواقف التعليم اللغوي تتأثر بدرجة كبيرة بنوع الاتجاهات التي تتوافر لدى المعلمين نحو اللغة ووظائفها وعلاقتها بالمعارف الأخرى، كما أن اتجاهات الطالب تتأثر بطبيعة الخبرات التي يتعرض لها، بشكل يجعلها تؤثر في نوع الدراسة التي يختارها لنفسه مستقبلاً.

وتشير نتائج البحوث والدراسات إلى أن هناك ارتباطاً قوياً بين الاتجاهات والقدرات القرائية والكتابية؛ لهذا يمكن استغلال اتجاه الطالب الإيجابي نحو القراءة لتوظيفه في تنمية اتجاهه نحو الكتابة، وكذلك في تحديد البرامج التدريبية اللازمة لتنميتها، لأن معرفتها ستمكن المعلمين من العمل تحسينها أو تعديلها بشكل يحقق

الأهداف المرغوبة، هذا إذا علمنا أنها لا تتكون ولا تنمو تلقائيا، وإنما تحتاج إلى تـدريس وتوجيـه في ضوء مناخ تعليمي مناسب.

إلا أن هناك ما يشير إلى أن تنمية الاتجاه، لم تُعط الاهتمام الذي تستحقه في مجـال تنميـة اللغة عامة، والكتابة الوظيفية خاصة، وخير دليل عـلى ذلـك نـدرة الدراسـات التـي تناولـت هـذا الجانب، وقد يكون من الأسباب المباشرة لـذلك التبـاين في وجهـات النظـر حول تحديـد أهـداف الجانب الوجداني، مقارنة بإمكانية تحديدها في المجال المعرفي، وكذلك صـعوبة تحديد مضـمونها، وعدم القدرة على معرفة آثار التعلم في فترة زمنية قصيرة، لأن هذه الآثار لا تتبـدى بعد الانتهـاء من التعلم مباشرة، كما هو الحال في التعلّم المعرفي.

ويُعد مفهوم الاتجاه أمراً محيراً، وقد حاول علماء النفس والتربية إيجاد إطار يحددون فيه معنى الاتجاه، وخلصوا إلى مجموعة من الخصائص التي تميزه، أبرزها:

- أنه مكتسب وغير وراثي، ويتم تعليمه من خلال البيئة المحيطة.

- قابل للتعديل والتغيير ويتأثر بسلوك الآخرين.

- قابل للقياس والتقويم بأساليب مختلفة.

- ليس استجابة لموقف بقدر ما هو تهيؤ وتحفز للاستجابة.

- يتمثل في الجانب الانفعالي.

وقد تباينت الآراء في تعريف مفهوم الاتجاه بشكل عام تبعا لوجهـة النظـر التـي يتبناهـا صاحب التعريف، فهناك من عرّفه على أنه نمط ثابت وعام من الاستجابات التـي تظهـر في سـلوك الفرد إزاء مثيرات معينة، أو نزوعه أو ميوله نحو أشياء أو أشخاص أو أمور محددة، وهـو يـؤثر في الطريقة أو الأسلوب الذي يتصرف به الشخص.

في حـين عرّفـه آخـرون عـلى أنـه عبـارة عـن عـدد مـن العمليـات الدافعيـة، والانفعاليـة، والإدراكية، والمعرفية التي انتظمت في صورة دائمة، وأصبحت تحـدد اسـتجابة الفـرد لجانـب مـن جوانب بيئته".

ويتكون الاتجاه من ثلاثة مكونات أساسية:

1. المعرفي ويمثل مجموعة الآراء والمعلومات التي يحملها الفرد تجاه الموضوع.
2. الانفعـالي ويمثـل مجموعـة المشـاعر والانفعـالات التـي يحملهـا الفـرد داخلـه تجـاه الموضوع، كالحب أو الكراهية.
3. السلوكي وهو نزعة الفرد للتصرف نحو موضوع مـا وفـق طريقـة معينـة، وذلـك عـلى اعتبار أن الاتجاهات تعمل بوصفها موجهات للسلوك.
4. ولتنمية الاتجاه الإيجابي لدى الطلبة نحو المواد الدراسية لابد أن يكون المعلـم عـلى معرفة بمراحل تكوينه، وهناك ثلاث مراحل رئيسة:

أ. الإدراكية والتي يكوّن خلالها الفرد المعرفة النظرية من خلال الخبرات والمثيرات التي يتعرض لها.

ب. التقييمية التي خلالها يقيّم الفرد خبراته في ضـوء الإطار المعـرفي السـابق الـذي تشكل لديه.

ج. التعزيزية وتمثـل المرحلـة التـي يتشـكل فيهـا لـدى الفـرد القـدرة عـلى إصـدار الأحكام، سواء الإيجابية أم السلبية.

ولابد عند تنمية اتجاهات الطلبة نحو الكتابة عامة والكتابـة الوظيفيـة، مـن تـوافر بعـض الشروط، أبرزها:

-   أن تكون كتاباتهم نابعة من حاجة حقيقية أي أن تمس حياتهم اليومية.
-   أن يتم تعليمها في ضوء أهداف واضحة ومحددة؛ لأن وضوح الهدف من أهـم دوافـع الكتابة.

- مناقشة المحتوى وتعليمـه بشـكل يحقـق الأهـداف المطلوبـة، مـن خـلال ممارسـتهم لنشاطات كتابية واقعية.

العوامل الرئيسة المؤثرة في تنمية الاتجاه:

- الوالدان، والمعلمون، ورفاق الدراسة.

- أهمية التعلم المدرسي السابق الذي يتعرض له.

- مدى اهتمام الرفاق الذين يتفاعل معهم.

- طبيعة المهمة الكتابية التي يكلف بها الطالب.

- مدى اهتمام المدرسين وجديتهم.

- فاعلية الاستراتيجيات التدريسية التي يستخدمونها.

- زيارة مراكز الكتابة تنمي اتجاهات الطلبة الإيجابية نحـو الكتابـة، أكـثر مـما تُحدثـه الدراسة في الصفوف العادية.

الفصل التاسع
المجالات الكتابية الوظيفية التي لم يتضمنها البرنامج التدريبي

- الرسالة
- محاضر الجلسات
- الإعلانات واللافتات
- المذكرات الشخصية
- البرقية
- التعليمات والإرشادات
- الكلمات الافتتاحية
- الدعوة
- تدوين المحاضرات

هناك مجالات كتابية وظيفية لم يتطرق إليها البرنامج التدريبي من أبرزها:

1- مجال كتابة الرسالة:

تُعد الرسائل من أهم وسائل الاتصال بين الأفراد والجماعات في جميع مناحي الحياة، بل هي في قمة الهرم بالنسبة لمجالات الكتابة الوظيفية وأكثرها شيوعا.

وتعرّف لغةً بأنها الخطاب المرسل إلى فرد أو جماعة. في حين تعرّف اصطلاحاً على أنها نشاط اجتماعي للتواصل بين شخصين أو بين شخص وجماعة، أو هي حديث مكتوب في موضوعات مختلفة.

أنواع الرسائل:

هناك أنواع عديدة للرسائل من أبرزها:

1- الرسائل الشخصية، وهي التي تعبر عن علاقات إنسانية بين الأفراد، وتظهر فيها ذاتية الكاتب وعواطفه، ومن ميزاتها:

- لا تلتزم بشكل معين غالباً ولا تخضع لقواعد محددة في الترتيب والإخراج.

- يسيطر عليها الأسلوب العاطفي والودي، وبساطة الألفاظ وسهولتها، وطول جملها.

- تشتمل على اكثر من موضوع، وغالباً ما يكون هدفها الرئيس تقوية العلاقات والروابط الاجتماعية كالأسرية والصداقة.

- الترويسة فيها ليست ضرورية.

2- الرسائل التجارية، وهي التي تبحث بأمور تتعلق بالأعمال التجارية من بيع وشراء وما إلى ذلك، واهم ما يميزها:

- تتعلق بالأعمال التجارية.

- ألفاظها بسيطة وجملها قصيرة وأسلوبها يخلو من العبارات العاطفية.
- تشتمل على مصطلحات تجارية.
- لها شكل معين وترتيب خاص وتخضع لقواعد محددة في ترتيبها وتنسيقها.
- الترويسة فيها ضرورية وغالباً ما تكون مطبوعة على ورق مراسلات بحروف بارزة وبأكثر من لغة.

3- الرسائل الرسمية، وهي التي يتم تداولها بين الدوائر الرسمية أو بين الأفراد والجهات الرسمية بالدولة لقضاء بعض المصالح كالكتب العادية والبلاغات والتعميمات والقرارات الإدارية ومشاريع القوانين وما إلى ذلك.

وأهم ما يتميز به هذا النوع من الرسائل:

- الصيغة الموحدة لدى كافة المؤسسات.
- تخدم في الغالب هدفاً واحداً.

4- تحمل رقماً وتاريخاً.

5- يراعى فيها التسلسل الهرمي عند مخاطبة المرسل.

6- توقع من قبل رئيس الدائرة أو من يفوضه.

ولتدريب الطلبة على امتلاك مهارات كتابة الرسالة، لابد من ممارسة الكتابة الحقيقية في مواقف طبيعية لها قيمة في حياة المتعلم.

نماذج تدريبية:

((نموذج لرسالة رسمية))

بسم الله الرحمن الرحيم

معالي وزير التربية والتعليم الأكرم
بوساطة مدير التربية والتعليم للواء القصر المحترم
الموضوع/ طلب النقل
المستدعي/ د. عبد الله سالم الجعافرة (41486)
مدير الشؤون التعليمية والفنية.
السلام عليكم ورحمة الله وبركاته
فأرجو معاليكم التكرّم بالموافقة على نقلي من مديرية تربية لواء القصر إلى مديرية تربية
محافظة معان؛ وذلك نظراً لصعوبة المواصلات، ولبُعدها عن مكان سكني الدائم.
وتفضلوا بقبول فائق الاحترام
مقدمه/ ....
التوقيع/
التاريخ 2005/5/20م

((نموذج لرسالة ودية))

بسم الله الرحمن الرحيم

صديقي العزيز الدكتور جمال حفظه الله ورعاه

السلام عليكم ورحمة الله وبركاته...... وبعد

فقد كنت أود أن يكون وصولي دون رسولي، ولكن ليس كل ما يتمنى المرء يدركه.

كيف حالك؟ وكيف حال أسرتك؟ لعلكم تكونون جميعاً بخير، وأسأل الله أن يمُن عليكم بموفور الصحة والعافية.

صديقي العزيز:

يسعدني أن أدعوك لزيارتي في عمان لنستمتع برؤيتك، ولتتمتع بمشاهدة معالم النهضة العمرانية التي شملت جميع مدن الأردن من مبان أشبه بناطحات السحاب، وحدائق غناء بالأشجار والأزهار وبعض الحيوانات النادرة، وميادين مزدانة بنافورات المياه ومصابيح تسر الناظرين...الخ.

فشرفنا بزيارتك، ونحن في انتظارك...

والسلام عليكم ورحمة الله وبركاته،،،،

صديقك وائل الجعافرة

الأردن/ الكرك

ص.ب 2324

2- مجال محاضر الجلسات:

هي فن من فنون الأنشطة الوظيفية التي يحتاج إلى مهارة لاكتسابها، وتـدريب لا بـد مـن الحرص عليه. ويعرّف محضر الجلسة بأنه الملخص الذي يسجله كاتب الاجتماع أو من يوكل إليـه الأمر والذي يشتمل على وصف ما يدور في الاجتماع من نقـاط حـول الأعـمال الـمدرجـة في جـدول الاجتماع والحلول المقترحة لها.

أهم المهارات اللازمة لإدارة الجلسات:

- تحديد الهدف أو الغرض من الاجتماع.
- الإعلان عن الاجتماع، وتحديد زمانه ومكانه.
- تسجيل جدول الأعمال لأهم الموضوعات، وما يستجد من أعمال.
- اكتمال هيئة المجلس من رئيس، وأعضاء، وسكرتير.
- تنظيم أسلوب المناقشة بعرض الرأي والرأي الآخر.

وأما أهم العناصر التي يجب أن يشتمل عليها محضر الجلسة هي:

- مكان الاجتماع وموعده باليوم والساعة والشهر والسنة.
- اسم رئيس الاجتماع.
- أسماء الحاضرين والجهات التي يمثلونها.
- جدول الأعمال.
- القضايا والأمور التي تم بحثها.
- نص القرارات.
- وقت انتهاء الاجتماع، والموعد اللاحق.

ومن ميزات كتابة محاضر الجلسات:

- الاختصار.
- الدقة.
- الوضوح.

نماذج تدريبية:

نموذج لمحضر جلسة:

في بداية العام الدراسي عقد اجتماع لاتحاد طلاب المدرسة بهدف إقامة حفل رياضي، وكنت سكرتيرا له، ومسؤولاً عن تسجيل الاجتماع.

بسم الله الرحمن الرحيم

- محضر اجتماع اتحاد طلاب المدرسة.
- هدف الاجتماع: إقامة حفل رياضي.
- الزمان: يوم.........الموافق........./........م وفي تمام الساعة....... صباحاً أو مساء.
- المكان: مكتبة المدرسة.
- الحضور: حضر ـ الاجتماع اتحاد طلاب المدرسة برئاسة مدير المدرسة سالم علي المحمود.
- الغائبون بعذر:..
- الغائبون بدون عذر:..
- جدول الأعمال:

1-....................

2- ....

3- ....

4- ما يستجد من أعمال.

• سير الاجتماع: عقد الاجتماع في الزمان والمكان المحددين أعلاه، وقد رحب رئيس الجلسة بالحضور، وتمنى للجميع التوفيق، ثم تناول جدول الأعمال الآتية:

فيما يتعلق بالبند الأول..

فيما يتعلق بالبند الثاني..

ثم تطرق رئيس الجلسة إلى البند الثالث في جدول الأعمال.................

أما فيما يتعلق بالبند الرابع والأخير(ما يستجد من أعمال) فقد رأى المجتمعون....هذا، وقد تمت مناقشة هذه البنود الواردة في جدول الأعمال، وتوصل المجتمعون إلى القرارات التالية:

1- ....

2- ....

3- ....

وانتهى الاجتماع في تمام الساعة........... واتفق المجتمعون على أن يكون موعد انعقاد الاجتماع القادم يوم.............. الموافق........... الساعة.......مساء في نفس المكان، ثم وقع الحاضرون بالعلم وهم:

الاسم	التوقيع
1-...............	....
2-...............	....
3-...............	....
أعده	رئيس اللجنة
....	....

159

3- مجال كتابة الإعلانات واللافتات:

تعرّف اللافتة أو الإعلان على أنها عبارات شديدة الإيجاز والتركيز، تتسم بالجاذبية والتأثير بغرض الحث على أمر ما، أو الترويج له.

ولابد من الإشارة إلي أن الإقبال على الإعلانات قد ازداد مع انتشار الصحف والإذاعة والتلفاز، فاصبح فناً قائماً بذاته وتعددت أغراضه ووسائله كالإعلان عن التوظيف، والبيع والشراء، والدعاية، والاجتماعات وما إلى ذلك.

المهارات التي يجب أن يراعيها المعلم عند تدريب طلبته على كتابة اللافتة أو الإعلان من أهمها:

- الاقتصار على هدف واحد للافتة أو الإعلان.

- وضوح الغرض من اللافتة أو الإعلان، بحيث لا تحتاج إلى شرح وتفسير.

- الإيجاز، بحيث تكون في جمل واضحة ومحددة.

- تحديد نوعية الجمهور الموجهة إليه، ومخاطبته حسب مستواه الثقافي واللغوي.

- الدقة في اختيار نوع الخط المناسب ليتمكن القارئ من الرؤية والقراءة عن بُعد.

- استخدام العبارات الدقيقة الجذابة.

- مراعاة التنظيم الجذاب والمؤثر في عرض الإعلان، أو وضع اللافتة.

المناشط الواجب مراعاتها عند تعليم هذا المجال:

- استغلال المواقف الطبيعة التي يعيشها الطالب في المدرسة.

- الاستفادة من هوايات الطلبة والعمل على تنفيذها.

- كتابة عبارات موجزة، واضحة، ومعبرة عن الزمان، والمكان، والأشخاص.

- معرفة كيفية الإعلان عن خبر بالصحف اليومية والإجراءات اللازمة لتنفيذ ذلك.
- معرفة أصول التعليق مكاناً وزماناً.
- اختيار عبارات مناسبة للأشياء التي يراد الإعلان عنها، أو وضع بطاقات عليها.
- التأكيد على أهميـة القيـم المتضـمنة في المحتـوى، بشـكل يتناسـب مـع تنمية القيم التربوية الإيجابية.

أهم ما يميز بين الإعلان واللافتة هو أن الإعلان له زمن محدد، في حين اللافتة ليس لها زمن محدد.

نماذج تدريبية:

((إعلان عن قيام المدرسة برحلة إلى منطقة العقبة))

تُنظم لجنة الرحلات المدرسية رحلة إلى مدية العقبة يوم الخميس الموافق 2005/6/2م مع العلم أن قيمة اشتراك الفرد الواحد خمسة دنانير تسدد لمربي الصف في موعد أقصـاه أربعـة أيـام من تاريخ الإعلان.

((إعلان توظيف))

مطلوب مهندس مدني أو معماري بخبرة لا تقل عن عشر سنوات مع إلمـام جيـد بالاتوكـاد للعمل بمشروع الأردن للتنمية والتشغيل. يرجى الاتصال على هاتف 0795197650

((إعلان شراء أراضي))

مطلوب قطع أراضي للشراء بمساحات مختلفة في المنـاطق التاليـة: 1.القسطل 2. راكين 3. العبدلي 4.الجيزة 5. القصر.

المراجعة مع هاتف:4624707 أو خلوي 0795553947

((لافتة لوضعها في المدرسة))

- المكتبة زاد للثقافة والمعرفة.
- المكتبة تصقل مواهبك، وتكمل شخصيتك.
- النظافة دليل الحضارة والرقي.
- النظافة من الإيمان.

4-مجال كتابة المذكرات الشخصية:

تعرّف المذكرة الشخصية على أنها عبارة عن نقاط موجزة، يسجلها الفرد، ليرجع إليها عند الحاجة خوفاً من نسيانها.

وهناك مواقف عديدة يحتاج فيها الإنسان إلى كتابة المذكرات، منها على سبيل المثال لا الحصر:

- تسجيل أشياء قام بها.
- محاضرات استمع إليها.
- مسائل وقضايا يريد مناقشتها.
- أفكار يود تقديم تقرير عنها.
- أشياء يريد إحضارها.
- موضوع أو درس يود القيام به.

وأهم المهارات اللازمة لكتابة المذكرات الشخصية هي:

- القدرة على الإحاطة بالفكرة أو الموضوع.
- الدقة في الانتباه والتركيز.
- تحديد الغاية أو الهدف من كل شيء تم تسجيله.
- تصنيف هذه المذكرات حسب نوعها، وإبداء الرأي في مواقفها.
- تحديد مكان المذكرة وتاريخها.

- التركيز على أهم عناصر الموضوع، وكتابتها في نقاط موجزة.
- تسجيل النقاط مرتبة ترتيباً زمنياً أو مكانياً أو حسب أهميتها.

كيفية تدريب الطلبة على هذا المجال:

- يقرأ المعلم على الطلبة بعض النصوص ليسجلوا الأفكار الرئيسة المتضمنة فيها.
- يكلف المعلم بعض الطلبة بقراءة مذكراتهم أمام الطلاب.
- من خلال الحوار والمناقشة يتم مناقشة الجوانب الإيجابية في مذكرات الطلبة التي كتبوها.
- يحصر المعلم الأخطاء المشتركة التي وقع بها الطلبة أثناء كتابتهم.
- يعرض المعلم أمام الطلبة الأخطاء المشتركة وكيفية معالجتها.
- يعرض المعلم نماذج لمذكرات شخصية متميزة.
- من خلال العمل في مجموعات يكلف المعلم كل مجموعة بكتابة نموذج مصغّر لمذكرة شخصية.

5- مجال كتابة البرقية:

تعرّف البرقية على أنها نشاط كتابي يستخدم في التعبير عن المشاعر والآراء والمعلومات تجاه عمل أو موقف أو مطلب حيوي عاجل.

مكونات البرقية:

- اسم المرسل إليه ثلاثياً.
- عنوان المرسَل واضحاً.
- محتوى البرقية.
- اسم المرسل.

- عنوان المرسل بالتفصيل.

- المهارات المطلوبة لكتابة البرقية:

- الإيجاز غير المخل بالمعنى.

- البراعة في اختيار الكلمات المناسبة.

- تنظيم المعلومات ووضعها في أماكنها المخصصة.

- الوضوح.

ومما يجدر ذكره أن للبرقيات أنواعاً مختلفة، فهي تقسم من حيث مكان المرسل إليه إلى:

1- برقيات داخلية.

2- برقيات خارجية.

ومن حيث السرعة في إرسال البرقية إلى:

1. برقيات مستعجلة، وترسل فوراً قبل جميع البرقيات وحال وصولها لذا يجب إضافة كلمة (مستعجل) قبل العنوان.

2. برقيات عادية، ويكون الحد الأدنى لكلماتها(7) كلمات.

3. برقيات مؤجلة، وهي التي تمتاز بعدم السرعة، ويمكن تقديم البرقيات العادية والمستعجلة عليها.

وأما من حيث الموضوع فتنقسم إلى ثلاثة أقسام رئيسة:

1. برقيات حكومية، وتصدر عن الدوائر الحكومية وتكون عادة موقعة ومختومة بالخاتم الرسمي للدائرة الحكومية.

برقيات صحفية، وهي البرقيات التي يرسلها مندوبو الصحف ووكالات الأنباء وتتعلق عادة بموضوعات صحفية.

2.   برقيات اجتماعية، تتعلق بموضوعات لها طابع اجتماعـي مثـل: التعزيـة، والتهنئـة، والزواج وما إلى ذلك.

ولتدريب الطلبة على إتقان المهارات اللازمة للكتابة في هذا المجال الـوظيفي لابـد للمعلـم من أن يستغل المناسبات المختلفة، لكي يمكن طلابه من المرور بخبرات عملية وذات معنى بالنسبة لهم، مع تدريبهم على كيفية الوصول إلى الابتكار والإبداع.

نماذج تدريبية:

1- التهنئة بالزواج:
■   (أجمل التهاني بالزواج الميمون).
■   (زواج مبارك، ودعاء بالحياة السعيدة والذرية الصالحة).
■   (أجمل التهاني للعروسين بالزفاف السعيد).

2- التهنئة بالنجاح:
■   (أجمل التهاني بالنجاح الباهر، والتفوق العظيم).
■   (تهانينا القلبية بحصولك على درجة الدكتوراه بامتياز مع مرتبة الشرف).
■   (مستقبل مشرق أنت أهل له).

3- التعزية:
■   (للفقيد الرحمة، ولكم العزاء، وللأسرة الصبر والسلوان).
■   (عظّم الله أجركم، وأحسن عزاءكم، ورحم فقيدكم).
■   (نشاطركم الأحزان في وفاة المغفور له.........).

4- الشؤون العامة للحياة:
■   (أهنئكم بسلامة العودة صحيحاً معافى).

- (سأصل غداً إلى مطار الملكة علياء الـدولي في تمـام السـاعة التاسـعة مسـاءً عـلى الرحلة رقم........... شركة الملكية الأردنية).

6- مجال التعليمات..... والإرشادات

تعرّف التعليمات على أنها مجموعة النصائح والتوجيهات التي تقدم للآخرين مـن عـاملين وأبناء وأصدقاء وغيرهم، للاستفادة منها والعمل بها لما فيها من الإصلاح والنفع.

المهارات اللازمة للكتابة في هذا المجال الوظيفي:

- استخدام اللغة السليمة والمناسبة.
- اختيار الكلمات ذات المعاني المألوفة والواضحة.
- وضوح الإرشادات وترتيبها بشكل منطقي.
- مراعاة التفصيل والتعليل المناسب.
- تسلسل الفقرات في عبارات مستقلة ومترابطة.
- مراعاة علامات الترقيم.

نماذج تدريبية:

((تعليمات للمشتركين الذين سيتقدمون لامتحان الثانوية العامة في الأردن))

على كل مشترك أن يكون في مركز الامتحان قبل الموعد المحدد لبدء الامتحان بربع ساعة، ويمنع كل مشترك من دخول قاعة الامتحان إذا تأخر عن موعد بدء الامتحان إلا إذا اقتنع رئيس القاعة بان تأخره كان لاسباب قاهرة مشروعة بشرط أن لا تزيد مدة التأخر عن خمس دقائق.

2. على المشترك أن يصطحب معه جميع الأدوات التالية(قلم رصاص، قلم حبر جاف ازرق، ممحاة، مسطرة، أدوات هندسية) ولا يجوز استخدام أي قلم حبر ملون أو قابل للمسح باستثناء الحبر الأزرق الجاف.

3. قبل الشروع في الإجابة تكتب البيانات اللازمة في المكان المخصص على غلاف دفتر الإجابة ورقعة المعلومات ويمنع المسح أو الشطب فيها.

4. يعطى إنذار لكل مشترك يحاول الغش أو يحدث شغبا بسيطا داخل القاعة أو يغير مقعده.

5. يلغى مبحث المشترك إذا حصل على الإنذار الثاني أو وجد معه قصاصات من الورق مكتوب عليها أو على أدواته أو يديه أو جسمه أو ملابسه(ما يتعلق بمادة الامتحان) سواء استعملها أم لم يستعملها أو وجد معه جهاز أو آلة اتصال أو هاتف خلوي ولم يستعمله أو احدث المشترك شغبا بينا أو مزق دفتر إجابته إلى جزئين أو اكثر أو انتزع محتويات الدفتر من الداخل.

6. يلغى امتحان المشترك في جميع المباحث إذا حصل على أي عقوبة بعد إلغاء المبحث أو إذا استخدم أي جهاز أو آلة اتصال أو جهاز خلوي، أو قام المشترك بتهديد أو شتم رئيس القاعة أو المراقب داخل القاعة أو هرب المشترك أو خرج بدفتر إجابته أو رمى ورقة الأسئلة أو دفتر الإجابة خارج القاعة أو قام بتسليم دفتر آخر غير دفتره المعتمد من رئيس القاعة.

7. يلغى امتحان المشترك في جميع المباحث لدورة الامتحان والدورة التي تليها ويحال للقضاء إذا اعتدى المشترك بالضرب أو بأي وسيلة أخرى على رئيس القاعة أو المراقب داخل القاعة أو خارجها ضمن حرم المدرسة أو جلس أحد الأشخاص بدلا من المشترك الأصلي أو قام مشترك أو اكثر بتغيير الاسم أو رقم الجلوس على دفتر الإجابة.

8. يمنع خروج أي مشترك من القاعة قبل انتهاء زمن الامتحان، وكذلك يمنع التدخين أو شرب الشاي داخل القاعة، ويمنع التصحيح على البطاقة يدويا. وفي حالة عدم مطابقة المعلومات الواردة على البطاقة للواقع فيتم إجراء التصحيح اللازم والحصول على بطاقة جديدة من الوزارة.

7- مجال الكلمات الافتتاحية:

هي عبارة عن تقديم ينقل المستمع إلى جو المناسبة أو الموقف. ويعد تدريب الطلبة على إعداد الكلمات الافتتاحية من المهارات الحياتية اللازمة للتغلب على كثير من المواقف الحياتية التي يتعرض لها الفرد، كما أن التدريب يساعد المتحدث على:

- التفكير في الموضوع الذي سيتحدث عنه.
- الكيفية التي سوف ينظم بها حديثه بطريقة ذات معنى.
- البحث عن المواد والمصادر التي ينمي بها المتحدث حديثه.
- المهارات اللازمة لإعداد الكلمات الافتتاحية:
- القدرة على توضيح مناسبة الاحتفال.
- القدرة على تلخيص الهدف في فقرتين أو ثلاث.

- التأثير والإمتاع بالمراوحة بين الأساليب الإنشائية والخبرية، والمشاركة الوجدانية.
- استخدام الجمل الموجزة والمركزة.
- اختيار الكلمات الواضحة والدقيقة.
- حسن انتقاء الأفكار.
- مراعاة الجمهور الحاضر، وتحيته، وتخير الألقاب المناسبة في مخاطبة الحاضرين.

8- مجال بطاقة الدعوة:

هي نشاط كتابي وظيفي يقوم به فرد أو مجموعة أفراد أو مؤسسة في مناسبة من المناسبات بهدف إعلام الآخرين بهذه المناسبة للمشاركة فيها.

وهناك مجالات كثيرة تستخدم فيها بطاقات الدعوة منها:

- حفل تخريج بأشكاله المختلفة.
- حفل زواج أو عقد قران.
- حفل تكريم بأنواع المختلفة.
- حضور ندوات علمية أو أدبية أو ما شابه ذلك.

الأسباب المؤدية إلى استخدام بطاقات الدعوة:

- مواكبة حركة التطور والتقدم الحضاري.
- ضيق الوقت المتاح للإنسان المعاصر.
- أقل تكلفة مالية من غيرها من وسائل الاتصال الأخرى.
- عدم القدرة على دعوة كل شخص بشكل مباشر.
- الصفة الرسمية التي تتسم بها بطاقة الدعوة.
- الأثر النفسي الإيجابي الذي تتركه لدى المدعو.

- تُعد وثيقة رسمية يمكن الرجوع إليها عند الحاجة.
- تُنمي العلاقات والروابط الاجتماعية بين الأفراد والجماعات.

المهارات اللازمة لكتابة بطاقة الدعوة:

- البسملة.
- تحديد المناسبة.
- كتابة اسم المرسل إليه ووظيفته أو صفته.
- موضوع البطاقة بإيجاز، مع الدقة في اختيار الكلمات المعبرة.
- تحديد الجهة الداعية والتي صدرت عنها البطاقة.
- تحديد الزمان والمكان والساعة صباحا أو مساء.
- الخاتمة.
- التوقيع.
- العنوان أو رقم الهاتف.
- ملحوظة: أحياناً يكتب:
- يُرجى عدم اصطحاب الأطفال.
- يوجد مكان خاص بالسيدات.

نماذج تدريبية:

((نموذج بطاقة دعوة لافتتاح معرض))

تحت رعاية معالي وزير التربية والتعليم

الأستاذ الدكتور خالد طوقان

تتشرف مديرية تربية لواء المزار الجنوبي بدعوتكم لحضور افتتاح معرض التراث الأردني والذي تقيمه في الفترة الواقعة بين17 - 2005/5/20م في مسرح مدرسة بنات الجعفرية الثانوية الشاملة للبنات في تمام الساعة العاشرة صباحاً.

والدعوة عامة

((نموذج بطاقة دعوة لحضور ندوة تربوية))

تتشرف مديرية التربية والتعليم لمنطقة الكرك بدعوتكم لحضور الندوة التربوية التي يقيمها قسم التدريب والتأهيل والإشراف التربوي تحت عنوان " الاقتصاد المعرفي بين الواقع والطموح" والتي سيشارك بها الأستاذ الدكتور خليل سالم علي الأستاذ بجامعة اليرموك، والأستاذ الدكتور محمد طارق العلي الأستاذ بجامعة مؤتة، وسيدير الحوار الأستاذ الدكتور وائل عبد السلام من جامعة عمان العربية للدراسات العليا.

وذلك في تمام الساعة الرابعة عصراً من يوم الأحد الموافق 2005/5/29م في مسرح مدرسة راكين الثانوية الشاملة للبنين.

والدعوة عامة

9-   مجال تدوين المحاضرات:

لاشك أن هناك شكوى كبيرة لدى الطلبة وخاصة في الجامعات من عدم القدرة على تدوين محاضراتهم الجامعية، وسبب ذلك عدم تدريبهم أثناء وجودهم في المدارس على المهارات اللازمة في هذا المجال؛ لذلك يجب على المعلم تنبيه طلبته أثناء تدوين محاضراتهم إلى:

-   الاستماع الجيد إلى المحاضر.

-   الاستعداد الدائم لأية فكرة رئيسة يسمعونها.

-   تدوين الأفكار الرئيسة فقط،، لأنه ليس هناك وقت لتدوين كل ما يسمعونه.

-   الانتباه إلى مؤشرات الأفكار الرئيسة مثل صوت المحاضر، واشاراته، وعباراته، وانفعالاته.

171

- ترك فراغ مناسب بعد كل فقرة لتدوين أية تفاصيل توضيحية بعد المحاضرة.
- وضع خط تحت عنوان الفكرة الرئيسة أو المفهوم البارز الذي يتكرر كثيرا.
- وضع عنوان المحاضرة وتاريخها في راس الصفحة.
- استعمال الرموز لاختزال بعض الكلمات.

المهارات اللازمة لتدريب الطلبة عليها في تدوين المحاضرات:

- القدرة على التمييز بين الأفكار الرئيسة والفرعية.
- التعرف إلى أسلوب وطريقة المحاضر.
- استخدام علامات الترقيم.
- التنظيم على أتساس ثابت باستخدام الأعداد المكتوبة، والأرقام الحسابية والحروف الأبجدية.
- القدرة على تكوين خلاصة للمحاضرة دون الحاجة إلى إعادة كتابتها.

الفوائد التي يكتسبها الطلبة من التدريب على تدوين المحاضرات:

- القدرة على تحليل المحاضرة والتمييز بين المهم وغير المهم، وبين الأساسي والثانوي.
- التركيز وشد الانتباه إلى فترة زمنية طويلة.
- القدرة على تنظيم الأفكار وترتيبها وإعادة بنائها.
- تنمية قدرة الطالب على الإنشاء والتأليف والكتابة.
- تنمية مهارة الاستماع الجيد لدى الطالب.
- تنمية ثقة الطالب بنفسه، والاعتماد على الذات.
- كسب ثقة الآخرين من الزملاء وتقديرهم.

المراجع العربية

- أحمد، محمد عبد القادر.(1983).طرق تعليم اللغـة العربيـة. ط1، مكتبـة النهضـة المصرية. والوثائق الوطنية، عمان.

- البرازي، مجد محمد الباكير. (1989). التعبير الوظيفي. ط1، مكتبة الرسالة الحديثة، عمان.

- أبو جاموس، عبد الكريم محمود. (2000). أثر دراسة مساق قواعد الكتابة ومهاراتها المختلفة على معرفة وفهم مواطن علامـات الترقيم واستخدامها لـدى طلبـة معلـم الصف في جامعة اليرموك. مجلة مركز البحوث التربوية، جامعة قطر، 9(17)، 163 – 191.

- جروان، فتحي.(1999). تعليم التفكير، مفاهيم وتطبيقات. ط1، 217.-22.

- حمامـه، صـلاح الـدين محمـد.(1994). علاقـة مسـتويات التحصـيل بالاتجاهـات نحوالعلوم لدى تلاميذ الصف السادس الابتدائي بالمملكة السعودية. التربيةالمعاصرة، 11 (31)، 273-274.

- حمدان، محمـد زيـاد.(1985). التنفيـذ العمـلي للتـدريس بمفاهيم تقنيـة وتربويـة حديثة. دار التربية الحديثة، عمان، الأردن.

- خطايبة، المازة راجح.(1998). أثر برنامج تعليمي مقترح في تنميـة مهارة التلخيص الكتابي في اللغة العربية لدى الصف العاشر الأساسي في لواء الكورة. رسالة ماجستير غير منشورة، جامعة اليرموك.

- الخـولي، محمـد عـلي.(2000). أسـاليب تـدريس اللغـة العربيـة. دار الفـلاح للنشرـ والتوزيع، صويلح، الأردن.
- الدجاني، عدنان يوسـف. (2000). كيـف تحضرـ الرسـالة الجامعيـة. دار وائـل للنشرـ والتوزيع،عمان.
- الديب، محمد شوقي عطوه. (1994). التعبير الوظيفي بين النظريـة والتطبيـق.وزارة التربية والتعليم، دولة الإمارات العربية المتحدة.
- ربيع، محمد و الربابعة، حسن ومهيدات، محمود.(2000). فن الكتابـة والتعبـير.ط1، المركز القومي للنشر،الأردن.
- أبو رزق، ابتهال محمود.(1999). أثر برنامج مقترح لتنمية التعبـير الكتـابي في اللغـة العربية لدى طلبة الصف العاشر الأساسي في الأردن. رسـالة ماجسـتير غـير منشـورة، الجامعة الأردنية.
- سـعد، محمـود حسـان.(2000). التربيـة العمليـة بـين النظريـة والتطبيـق. ط1، دار الفكرللطباعة والنشر والتوزيع، عمان.
- سلام، احمد.(1991). اثر استخدام برنـامج تعليمـي في تحصـيل طـلاب الصـف الثـاني الثانوي العلمي في ا لتعبير واتجاهاتهم نحوه. رسالة ماجستيرغير منشـورة، الجامعـة الأردنية.
- سمارة، نواف.(1998). أثر اسـتخدام طريقـة الـتعلم التعـاوني في تحصـيل الطـلاب في مبحث الكيميـاء العامـة العمليـة. رسـالة ماجسـتير غـير منشـورة، جامعـة القـديس يوسف، بيروت.
- سمك، محمد صـالح.(1998). فـن التـدريس للتربيـة اللغويـة وانطباعاتهـا المسـلكية وأنماطها العملية. طبعة جديدة، دار الفكر العربي، القاهرة.

- السيد، محمود احمد.(1988).اللغة تدريسا واكتسابا.الرياض- دار الفيصل الثقافية.
- شحاتة، حسن.(1996). تعليم اللغة العربية بين النظرية والتطبيق. ط3، الدار المصرية اللبنانية.
- أبو شريفة، عبد القادر وآخرون.(1989). دراسات في اللغة العربية. ط1، دار الفكر للنشر والتوزيع.
- الشيح، عمر.(1986).العلاقة بين اتجاهات الطلبة في المرحلتين الثانوية والاعدادية نحو المعلمين وسمات شخصياتهم. مجلة العلوم التربوية،14 (2)،87-105.
- عبد المولى، طه غانم. (1985). تنمية مهارات التعبير الكتابي الوظيفي لدى تلاميذ المرحلة الإعدادية في الجمهورية العربية اليمنية. رسالة ماجستير غير منشورة، كلية التربية، جامعة عين شمس.
- عبيد، حسين راضي عبد الرحمن. (1996).تنمية مهارة الكتابة الوظيفية لدى طلبة اللغة العربية في كليات المجتمع الأردنية. أطروحة دكتوراه غير منشورة، أم درمان، السودان.
- العشيري، هشام.(2003). المهارات الكتابية والتعلم الذاتي. الجامعة العربية المفتوحة فرع مملكة البحرين.
- عمّار، سام. (2002). اتجاهات حديثة في تدريس اللغة العربية. ط1، مؤسسةالرسالة للطباعة والنشر والتوزيع، بيروت، لبنان.
- عماد الدين، منى و صالح، حسين والتكروري، هيفاء ورشيد، رائف.(2002). دليل الاتصال الإداري الفعّال. مشروع تطوير الكفاءة

المؤسسية لقطاع الخدمات التربوية، دائرة المكتبة الوطنية،عمان،23 – 43.

- عوض،أحمد عبده. (2000). مدخل تعليم اللغة العربية. ط1، فهرسة مكتبة الملك فهد، السعودية.

- العيوني، صالح محمد. (2003).أثر أسلوب التعلم التعاوني على التحصيل في مادة العلوم والاتجاه نحوها لتلاميذ الصف السادس الابتدائي(بنين) بمدينة الرياض. المجلة التربوية، 17 (66)، 106-114.

- فضل الله، محمد رجب. (1998). الاتجاهات التربوية المعاصرة في تدريس اللغة العربية. ط1، عالم الكتب.

- الفريق الوطني لمبحث اللغة العربية.(1991). منهاج اللغة العربية وخطوطه العريضة في مرحلة التعليم الأساسي في الأردن. ط1، جمعية المطابع التعاونية.

- قطامي، يوسف وقطامي، نايفة.(1993).استراتيجيات التدريس. دارعمار للنشرـ والتوزيع،عمان.

- لومان، جوز يف. (1989). إتقان أساليب التدريس. ترجمة حسين عبد الفتاح، مركز الكتب الأردني.

- مجاور، محمد صلاح الدين. (2000). تدريس اللغة العربية في المرحلة الثانوية-أسسه وتطبيقاته التربوية. دار الفكر العربي، القاهرة.

- مجمع اللغة العربية الأردني. (1993). التطبيقات اللغوية للصف العاشر الأساسي في الأردن. وزارة التربية والتعليم- المديرية العامة للمناهج والكتب المدرسية.

- مجمع اللغة العربية الأردني. (1993). التعبير والتلخيص للصف العاشر الأساسي في الأردن. وزارة التربية والتعليم – المديرية العامة للمناهج والكتب المدرسية.

- محمود، سمير. (2003). كيف تكتب ملخصا أو خلاصة بحث. رسالة النجاح، جامعة النجاح.

- مقلد، محمد محمود. (1989). مشكلات ضعف الطلاب في التعبير. تشخيص وعلاج، رسالة التربية، (7)، 125-147.

- الموسوعة العربية العالمية. (2002).المرشد العملي إلى تحسين مهارات الكتابةوالحديث.من موقع
  www. Intaaj.net/maogenx.asp.15/10/2003

- الموسى، نهاد وعبابنة، جعفر والفلاح، عبد الحميد والدويكات، عاطف.(2001). قواعد اللغة العربية للصف العاشر الأساسي في الأردن. وزارة التربية والتعليم.

- النابلسي،أديب. (2001). فن المقالة:عناصرها وأنواعها. من موقع
  www.islamonline,net/arabic/arts/2001/04/articale16.s ht/1/9/2003

- نصر، حمدان علي.(1995). تقويم مستويات الكتابة التعبيرية لدى تلاميذ نهاية الحلقة الأولى من المرحلة الأساسية بالأردن. مجلة مركز البحوث التربوية بجامعة قطر، (7)، 199 – 227.

- نصر، حمدان علي. (2003).اتجاهات معلمي اللغة العربية في سلطنة عمان نحو استخدام المنحى التكاملي في التدريس وعلاقة ذلك بعدد من المتغيرات ذات الصلة. مجلة كلية التربية، جامعة أسيوط،19 (1)، 71-110.

177

- نصيب، هلال جعفر. (2002). فاعلية دليل مقترح في تدريس كفايات التعبير الكتابي على أداء تلميذات الصف الثالث الابتدائي بمملكة البحرين. مجلة العلوم التربوية والنفسية، 4(3)، 256-257.

- الهاشمي، عبدا لله بن مسلم بن علي. (1995). أثر برنامج مقترح لتنمية مهارات التعبير الكتابي الوظيفي لدى طلبة الصف الأول الثانوي بسلطنة عُمان. رسالة ماجستير غير منشورة، جامعة السلطان قابوس.

المراجع الأجنبية

* Ann,M.Johns.(1993).writing argumentation for real audiences: suggestions for teachers Research and class room practice.TESQuarterly.V.27.N.1pp (.75-87).

* Barras, Robert. (1996).Students must write.London:Routledge.

* Buhrke, Lynn: Henkels, Lori: Klene, Gennifer,Pfister,Heather.(2002). Improving Fourth Grade students, writing skills and Attitudes.. TESOL Quarterly. Vol.25(3) pp (530-525).

* Carol,Cohan.(1976).Writing Effective Paragraphs. College Composition And Communication.Vol.++ v11.

* Chouhare,vicoria & Borchadt, Kathleen, M.(1984).Direct instruction of summarization skills. Reading Research Quarterly,V.20, N.1,p (62-78).

* Daana, Mary.(1991). Good readers make good writers: Adscription of four college student. Journal of reading,V.35.N.3pp(84-88).

* Davis, Kevin.(1987).improving students writing Attitudes: The effects of the writing centre.ED294183. www.ilstu-edu-seantli/495/experresearch.html.

* Donna,Gorrell,s. (1997).Process for writing a summary. http://leo.stcloudstate.edu/acadwrite/summary.html

* 8-Fernan, N & Lapp, D& Flood, J.(1992). Changing perspective in writing instruction. The journal of Reading,35(7)pp (550-565).

* Gambrel& Kapinus,B.A, &Wilson,R.m.(1987). Using mental imagery and summarization to achieve indepence in comprehension. Journal of Reading, Vo.30, No.7.pp (638-641).

- Garner, R &McCaleB. J.(1985).Effects of Text Manipulations on Quality of Written summaries. Contemporary educational psychology ,10,pp (139-149).

- Garner, Ruth. (1984). Rules for Summarizing texets:Is classroom instruction Being provided. The journal of educational   Research. Vol.77.N.1,pp(304-308).

- Gebhardt,Richard,C.(1982).Initial plans   and   Spontaneous Composition: Toward a comprehensive Theory of the Writing Process. College English, 44(6).

- Hill,Margaret.(1991). Writing summaries promotes Thinking

- and Learning Across the Curriculum –But why are they so difficult to write? Journal of Reading. 34(7), pp(536-537).

- -Hayn, Judith A.(1993). A study of the effect of using   prewriting strategies in teaching composition.D.A.I-A.53(08),p.2664

- Head,M & Readence,J & Buss,R.(1989).An Examination of summary writing as   Measure   of   Reading   Comprehension.   Reading   Research   and Instruction,28,(4),pp(1-11).

- Holley,C.A.B.(1990).The effects of peer editing as an instructional method on the writing proficiency of selected high school students. En Alabama cooperative learning. D.A.l -A. 51/09,p(2970).

- Hull,A.G. (1983)." The effects of instruction in organizational patterns on students writing competence reading competence and attitude towards writing. D.A.I.A 43/09.

- Ilona, Leki.(1990).Academic writing: Techniques and Tasks. TESOL Quarterly,Vol,24,Nu,1PP 91-94

- Karen,B.L.(1987). Writing   experience   and   Attitudes.www.ilstu.   – seantli/495/experresearch.html.

- Lynn, M, Goldsten & Susan, M, Cornrad.(1990). Student Input and Negotiation of Meaning in ESL writing

Conferences. TESOL Quarterly,Vol.24, No.3pp (443-460).

- Margaret R.K &Mary. A.S.(1991).Maximizing student performance in summary writing: Managingcognitive load. TESOL Quarterly, 25 (1), pp (101- 116).

- McKenna, Michael &Kear,Dennis.(1990).Measuring Attitude Toward Reading: Anew Tool For Teacher. The Reading Teacher,43 (9) p (627).

- Palmer, William L.(1991).Learning and Remembering text: The effect of training combination of summarization skills and mnemonic devices.D.A.I,V.52.N.5.p(1694) -A.

- Polly,Ulichny.(1988). Exploring though writing: process Approach to ESL. Composition TESOL Quarterly, 22. (1),pp (131-138).

- Reynolds,A.L.(1983).The effects of teaching expressive writing - integrated within the writing process - on the important of student writing skills at high school level. D.A.l.vol.44, no.4.p(1011) –A.

- Silver, Lucy.(2000). The Functional Approach to Grammar the Simple view of writing. Journal of education psychology. Vol.94.No.2.pp(291-304).

- Slavin,R&Karweit,N.(1981).Cognitive and affective out comes of an intensive student team learning experience. journal of Experimental Education, 50(1), pp(25-35).

- Steve, Strange.(1999).Creating Writing Assignments.MIT.online writing and communication. file:///A:/ creating/20 Effective/20

- Susan, De l a paz & Steve, Graham. (2002).Explicitly teaching strategies Skills, and Knowledge: Writing Instruction in middle school class rooms. Journal of education psychology. Vol. 94.No. 4.pp (661-697).

- Smith,A.(1999). Generating ideas Cooperatively in writing class: prewriting Activities for Junior College students. ERIC-No:ED437850.

- Winchock, J.M.(1995).Text Attitudes towards Reading and writing in the young Adult and Adult learner Population
- www.altijari.gotevot.edu.sa/trbawi.19/1/2004.
- Zamel,vivan.(1982).Writing: The process of discovering meaning.TESOLQuarterly, vol.16,No.02,pp(195-209).
- Zamel,vivan.(1992).writing one's way in to reading. TESOL Quarterly. Vol.26(3) pp (463-481).
- Zehang, Liru& Vukelich, carol.(1998). Prewriting activities and gender: influences on the writing quality of male and female students.ERC, No.ED42297.

Printed in the United States
By Bookmasters